経営学史学会編　〔第十三輯〕

# 企業モデルの多様化と経営理論

――二十一世紀を展望して――

文眞堂

# 巻頭の言

経営学史学会理事長　片　岡　信　之

経営学史学会第十三回大会は、関西学院大学西宮上ヶ原キャンパスにおいて開催された。同キャンパスは、社会事業・教育・医療・建築等において活躍した著名なキリスト教伝道師であるウィリアム・メレル・ヴォーリズの名建築をはじめ、瀟洒な建物が並ぶ落ち着いた雰囲気に包まれている。池内信行教授の衣鉢を継いで、ドイツ経営学研究を特色としており、この点では他大学の追随を許さないものがある。

さて、第十三回大会の統一テーマは「二十一世紀の企業モデルと経営理論」であった。このテーマの含意するところは、近年におけるアングロサクソン型企業モデルへの論壇の収斂傾向にたいして、立ち止まって考え、このモデルを相対化して捉え直してみようということであった。果たしてアングロサクソン型企業モデルは二十一世紀の企業モデルとして措定できるのか、それは民族・国家・文化・歴史等々を超えて統一的なグローバルスタンダードたり得るのか、等々。

一九八〇年代後半からアメリカで株主偏重の企業統治論が台頭し、その議論がやがて日本、ヨーロッパに、さらにはアジア諸国まで波及していったのであるが、アメリカ的企業モデルの生成には、同国の経済政策の転換という事情が絡んでいた。経済成長率の停滞、労働生産性の鈍化、インフレ体質の定着、製品国際競争力の低下、貿易赤字や財政赤字の拡大、ドル威信の低下といった事態の中で、「小さな政府」と市場主義的経済理論を基軸に据えた新自由主義政策＝レーガノミックスが浮上した。猛烈な事業再編成、経営活性化、合理化、国際競争力強化が指向され、八三年頃からM&Aが活発化した。M&Aブームは株主利益を重視するよう経営者に強い、また、株主価値最大化の企業観を流行らせた。そして間もなくそれは、冷酷な市場原理主義、株高バブル演出による短期的金儲け主義、株価維持のための粉飾や詐欺等を生むこととなったのである。

こうしてみると、近年のいわゆるアングロサクソン型企業モデルなるものは、八〇年代以後の産物ともいえ、アメリカにおいてすら一貫した主流であったとは、簡単には言えない。ましてや二十一世紀の統一的・規範的企業モデルとするには多くの検討が必要である。

こうした状況において、アングロサクソン型企業モデル以外にも検討の目を向けることは必要なことであろう。そして大会では、実際に、EU型、日本型、アジア型、イスラム型など、多様な企業モデルが紹介され、それらに聴き入りながら会員は、二十一世紀の企業モデルが那辺に落ち着くのかについて思いを馳せたのであった。

今大会で二十一世紀の統一的・規範的企業モデルが確と見据えられたというわけではないが、それぞれの報告は、アングロサクソン型企業モデルを相対化し、企業モデルのあり方についての思考を刺激してくれるに十分なものであった。

時代潮流をみながら、しかもそれに流されないで、反省的・理論的に多様な視点から見ていくという経営学史学会ならではの特長が遺憾なく発揮された大会であったと思う。

最後になったが、この大会を完璧な運営で盛り上げていただいた海道ノブチカ大会委員長をはじめ、関西学院大学の各位に厚く御礼を申し上げて巻頭の言とする。

目次

# Ⅰ　企業モデルの多様化と経営理論

# 一　経営学史研究の新展開

佐々木　恒　男

## 一　はじめに

経営学史学会第十三回大会のテーマは、新しい時代、二十一世紀に相応しい企業経営のあり方とそれに対応した経営学研究、経営学史研究はいかにあるべきかを問おうとするものであった。

まず、時代はどのように変わったか、あるいは変わりつつあるのか。この点について、宇澤弘文教授の主張に注目したい。二〇〇三年三月一日、青山学院大学会館で開催された財団法人岩國育英財団主催の宇澤弘文特別講演において、宇澤教授は二つのレールム・ノヴァルム（回勅）を取り上げ、これからの経済体制のあり方と経済学ならびに経済学者の果たすべき役割について語られた。それは、われわれ経営学の研究者にとっても非常に示唆に富むものである。

## 二　旧体制の回顧

周知のように、ローマ法王は一〇〇年に一度、世紀末に、信仰や道徳の問題、あるいは社会問題についてのメッセージを全世界に向けて送る。それがレールム・ノヴァルム、すなわち回勅あるいは回章である。それは、過ぎ去りし一〇〇年を回顧して懺悔し、来るべき次の世紀にかける人類の希望の表明でもある。

宇澤教授によって取り上げられた第一の回勅は一八九一年、時のローマ法王レオ十三世によって発せられたものであり、それは「資本主義の弊害と社会主義の幻想（Abuses of Capitalism and Illusion of Socialism）」と題するものであった。

それは、一七六〇年代のイギリスにはじまり、一八三〇年代以降、ヨーロッパ諸国やアメリカ、そして日本にも波及した産業革命、それがもたらした光と影を端的に示している。勃興する産業資本主義、そこで繰り広げられる激烈な企業競争がもたらす巨大独占資本の飽くなき収奪、虐げられ廃棄される多数の弱者、暴虐な資本に対抗しようと立ち上がる労働者の連帯、それを支える思想であり運動でもある社会主義が登場する。

しかし、この社会主義自体がもたらすであろう官僚制化と内部権力闘争、そしてその残虐性が早くも露呈し、弱者・労働者の希望の星に翳りがさしはじめる。まさしく、跋扈する「資本主義の弊害」とそれに対抗すべく期待された「社会主義の幻想」である。

それからさらに一〇〇年後の一九九一年、先ほど死去されたローマ法王ヨハネ・パウロ二世によって発せられたレールム・ノヴァルムは一転して「社会主義の弊害と資本主義の幻想（Abuses of Socialism and Illusion of Capitalism）」であった。宇澤教授がローマ法王に助言されたのは、この回勅であった。

一九一七年のボルシェビキ・ロシア革命によって生まれたプロレタリアート独裁のソヴィエト体制も、結局は人類の救済と開放には繋がらず、ゴルバチョフ民主化革命を経て、奇しくも一九九一年、ソヴィエト連邦はその六十九年の歴史の幕を閉じた。そして今日、帝国民主主義と揶揄されるプーチン政権が広大なロシアを支配している。

他方、人類に豊かさの福音をもたらすはずであった資本主義も全世界的な規模での富の偏在をもたらし、民族間格差と階級間格差、怨嗟を助長しただけであった。まさしく、人類の希望の星であったにもかかわらず、身の毛もよだつ暴虐さを露呈しただけの「社会主義の弊害」と、豊かさをもたらすものと期待されながらも果たせなかった「資本主義の幻想」であった。

## 三　殺伐とした新時代の幕開け

この二つのレールム・ノヴァルムを経て、われわれが現に生きる二十一世紀がある。この新時代の幕開けを衆人環視の下で暴力的に告げたもの、それが二〇〇一年九月十一日、ニューヨークで暴発したテロリズムであった。工業化の急速な拡大と発展がもたらした功罪が露呈し、世界規模での戦争が各地で勃発し、そして東西冷戦・米ソ対立を経て、アメリカの覇権が確立した。第二次世界大戦の戦勝国である英米仏露中の五カ国による世界支配体制が、敗戦後すでに六十年続くなかで、政治、経済、文化等におけるアメリカの一極支配が確立された。これを打ち崩し、新しい世界秩序を構築しようとする胎動がすでに各地ではじまっている。そのシンボリックで衝撃的な出来事が「九・一一」ではなかろうか。

「九・一一」によって、二十世紀に構築された世界秩序が明らかに崩れ始めた。誰にとっても掛け替えのない地球、モナドは、アングロ・サクソン、EU、アジア、イスラームの四極に分化し、それぞれがそれぞれの独自性を強烈に主張しはじめている。

経済の領域においても、これまでの先進諸国に代わって、広大な市場をもち、驚異的な成長の可能性を秘め、急成長を遂げつつあるブラジル・ロシア・インド・中国の四カ国（BRIC's）が登場してきた。これが、新しい時代、二十一世紀の世界の基本的な構図であるのかもしれない。それぞれが固有の社会システム、歴史、伝統、文化、価値意識をもち、それらが相互に排除し合い反発し合う騒乱の社会、あるいはそれらを相互に尊重し合うべき多元的な文化価値の社会がまさに到来しつつある。どちらに転ぶか、将来はまさしく不透明である。

旧来の覇権と権益を護ろうとして、時勢に竿差す守旧派の抵抗が中東における動乱を招き、それがテロリズムを世界中に拡散させている。そして、中欧にもアジアにも、動乱が広がり始めている。世界は再び、地球規模での動乱のうねりに翻弄されるのであろうか。その予兆がすでに見られる。

## 四　わが国の状況変化

翻ってわが国の最近の状況を見れば、これまた世の中がすっかり変わってしまったように思われる。九十年代初頭、バブルが弾けてから日本経済は長期の停滞に陥った。銀行が倒産し、地価が暴落し、消費が低迷し、物価が下落し、稀に見るデフレ経済の下で、日本社会全体が沈滞の一途を辿った。

その間に、ＩＴ技術は格段の進化を遂げ、ボーダレス化・世界の一体化が進展した。世界はもはや人為的な縫い目である国境のないモナドとなり、共時的な動きがもたらされるようになった。

世界の動向に立ち遅れはじめた事態を打開する方途として、五十五年体制を打破すべく市場原理の導入とその貫徹が主張され、規制緩和が次々と打ち出されることになった。その結果、どうなったか。少子高齢化が急激に進むなかで、中高年層は老い先に安心感がもてず、若年層は将来に期待がもてず、刹那的な人生観を抱かざるをえなくなっている。

そして何よりも、わが国独特の総中流意識が崩れはじめている。その根底には、これまでわが国の相対的に安定した社会構造を支えてきたミドル・クラスが解体しはじめ、少数のアッパー・クラスに上昇する部分と年収三〇〇万円以下のロウアー・クラスに転落する多数の部分とに両極分解しはじめている実態がある。これまで欧米のものと考えられていた格差社会が、現実に、わが国においても顕在化してきたのである。

ここから、金銭至上主義の歪んだ行動原理がはびこり、倫理観・道徳観の歪みがもたらされている。将来に希望をもてない多くの老若男女が刹那的に浮遊し、浮草化している。明治以降のわが国の産業化を支えてきた日本国民の勤勉・実直で、努力を惜しまないわが国古来の価値観、道徳観が急速に廃れようとしている。このような新種の若年労働者を使い捨ての労働力として抱え込まざるをえない日本の企業は、果たして、どのように効率的なマネジメントを実現できるのであろうか。

## 五　経営学の変遷

ところで、経営学という学問が誕生し、発展し始めたのは、まさしくローマ法王レオ十三世のレールム・ノヴァルムが発せられた十九世紀末の頃であった。後発の社会科学であるこの経営学は、当初は能率の科学として登場したが、次第に資本主義か社会主義かの政治経済の体制を問わず重用されて急速に発展することになった。そして経営学は次には協働の科学、したがってまた組織の科学に変貌し、さらには組織行動を惹起する意思決定、選択の科学として展開し、そして今日、意思決定を根底において左右する認識の科学へと発展してきている。経営学はもはや、会社企業のマネジメントだけの学問ではない。

このような経営学の発展過程において、つねに主要な研究対象とされてきたものは、企業、とりわけ株式会社形態をとる会社企業、なかでも圧倒的な政治経済的支配力を行使する巨大株式会社であった。会社の都合が何よりも優先する社会、会社の利害がすべてを律し、無力な個々人は否応なしにそれに従わざるをえない会社帝国主義、これが二十世紀であったといっても過言ではなかろう。

そして今、人々の価値意識がこのようなアングロ・サクソン流の会社万能主義から離反しはじめている。だが、それは人類の再生、新しいルネッサンスに繋がるのであろうか。

## 六　新しい時代の経営学

まなじりを決しての、仕事がすべてに優先する堅苦しい生き方から日々のささやかな生活を楽しむ生き方へ、スピードが何よりも大事にされる性急な生き方よりもゆっくりと物事を楽しむ生き方へ、ジャンク・フードと揶揄されるファーストフードよりも健康的なスローフードへ、大量生産・大量消費・大量廃棄のエネルギー浪費型で環境汚染型の生産消費サイクルからシンプルなエコライフへ、職場限りの堅苦しく、狭い人間関係から稼ぎ場とは無縁のところでの緩やかで快適な人間関係の構築へなどと、人々の関心、選好、価値観が静かに移りはじめている。

「もったいない」とか「足るを知る」といったキーワードが、もてはやされるようにもなってきている。これまで人々の人生を圧倒的に支配してきた会社の地位は、今やかつてないほど揺らぎはじめている。

このような時代状況の大きな変化を受け止めて、経営学も自己変革せざるをえないであろう。資産家の投資利益実現を中心に理論武装してきたアングロ・サクソン系の経営学は、このままではいずれ見放され、主流から転落するに違いない。生きながらえるには、どのような理論モデルを再構築するか、それが問われている。当初より社会民主主義の思想に支えられてきたEUの経営学は、今後もその労使協調路線を軸に、いっそうの理論展開を図るだろう。日本的経営スタイルばかりが注目されてきたアジアの経営学も、韓国・中国・ベトナム・インドなどの経済成長を背景に、アジア・モデルと呼べるような新しい理論展開に取り組むだろう。政治・経済・社会の実態において長年にわたって大きな力をもちながら、これまでは目立たず、しかも最近になって不幸な形で登場してきたイスラームの世界観を反映した経営の理論モデルの構築が期待されている。

## 七　結びに代えて

ＩＴ技術の進化がもたらした新しい文明創出の可能性のもとで、二十一世紀の世界を彩る四極の特異性を反映した組織経営の理論が相互に作用し合い、影響を及ぼし合いながら、互いに成長してゆくところに、経営学の学としての有用性があるのではなかろうか。そのような視点から、経営理論の原理的精練化と国際比較の研究を志向する経営学史研究のいっそうの努力が、世界的に要請されているのである。

**参考文献**

宇澤弘文『経済学と人間の心』東洋経済新報社、二〇〇三年六月。

セン、A.『経済学の再生―道徳哲学への回帰―』（徳永・松本・吉田訳）、麗澤大学出版会、二〇〇二年五月。

ドラッカー、P. F.『ネクスト・ソサエティー』（上田　惇訳）、ダイヤモンド社、二〇〇二年五月。

倉坂秀史『環境を守るほど経済は発展する』朝日選書七〇六、朝日新聞社、二〇〇二年六月。

西垣　通『情報的転回―IT社会のゆくえ―』春秋社、二〇〇五年十二月。
佐々木　毅・金　泰昌（編）『公と私の思想史』（公共哲学Ⅰ）、東京大学出版会、二〇〇一年十一月。
ローゼンソール、S．B．／ブックホルツ、R．A．『経営倫理学の新構想』（岩田・石田・藤井訳）、文眞堂、二〇〇一年十月。
三浦　展『下流社会―新たな階層集団の出現―』光文社新書二二一、光文社、二〇〇五年九月。
白波瀬佐知子（編）『変化する社会の不平等』東京大学出版会、二〇〇六年二月。
大前研一『ロウアーミドルの衝撃』講談社、二〇〇六年一月。

# 二　アメリカ経営学の展開と組織モデル

岸田民樹

## 一　経営学説の分類

経営とは、資源や情報という要素を組み合わせて、一定の問題解決活動を行うことである。諸要素の関連[1]を重視するシステム論の観点に立つなら、下位システム―システム―上位システムの相互関連が問題になる。ここで、システムを組織と考えるなら、下位システムは、人間行動であり、上位システムは環境と総称することができる。Closed System アプローチとは、環境（上位システム）を所与として、人間と組織の関係を考える立場である。ここには、組織→人間と、人間→組織という二つの因果関係が想定される。前者を、組織が人間の行動を規制するという意味で合理的モデル、後者を、人間行動の結果組織が形成されるという意味で自然体系モデルと呼ぶ。

次に、Open System アプローチは、組織と環境の相互作用を問題にする立場であり、ここでも、環境→組織、組織→環境という二つの因果関係が考えられる。以上のように見るなら、次の四つのモデルが区別される。第一は Closed ＆ 合理的モデル（環境⇢組織→人間）、第二は Closed ＆ 自然体系モデル（人間→組織←環境）、第三は Open ＆ 合理的モデル（環境→組織→人間）、第四は Open ＆ 自然体系モデル（人間→組織→環境）である（表

**表１　経営学説の変遷**

| | |
|---|---|
| 《closed ＆ 合理的モデル》<br>環境…→組織→人間<br>人間：科学的管理論（テイラー）<br>組織：経営管理過程論（ファヨール）<br>環境：官僚制理論（ウェーバー） | 《closed ＆ 自然体系モデル》<br>人間→組織←環境<br>人間：人間関係論（レスリスバーガー）<br>組織：バーナード学説（バーナード）<br>環境：制度理論（セルズニック） |
| 《open ＆ 合理的モデル》<br>環境→組織→環境<br>人間：技術と組織構造（ウッドワード）<br>組織：課業と組織デザイン（トンプソン）<br>環境：課業環境と組織過程（ローレンス ＆ ローシュ） | 《open ＆ 自然体系モデル》<br>人間→組織→人間<br>人間：ゴミ箱的意思決定（マーチ）<br>組織：組織化の進化論（ワイク）<br>環境：資源依存理論（フェッファー） |

1）。

### 1　Closed ＆ 合理的モデル

ここには、分析レベルに沿って、科学的管理論、経営管理過程論、官僚制理論が含まれる。

科学的管理論は、作業現場の管理に関する議論であり、そこでは、職能的職長制に見られるごとく、専門化によるヨコの水平的分業（職能分化）が、最大の効率をもたらすと考えられている。こうした組織形態は、一般にファンクショナル組織と呼ばれる。

これに対して、経営管理過程論では、企業の全体構造が問題にされ、普遍的な管理原則の発見と管理プロセスを構成する諸職能の定式化に注意が向けられた。ここでの組織の基本形態は、階層に基づくタテの垂直的分業（階層化）を中心とするライン組織である。

官僚制理論では、全体社会の構造が問題にされ、西洋資本主義社会の合理化の浸透が官僚制であると主張された。ここでは、第一に、個々人の役割が合理的・合法的な支配権限によって階層化され（ライン組織）、第二に、技術的能力に基づいて専門家が任命され、ルールと標準化を通じて責任と義務が明記される（ファンクショナル組織）という意味で、ライン＆スタッフ組織が含意されていると考えることができる。

### 2　Closed ＆ 自然体系モデル

ここには、人間関係論、バーナード理論、制度理論が含まれる。人間関係論では、人間の社会的・心理的動機づけを通じて、労働者の満足が生産性の上昇をもたらす（人間↓組織）と主張された。制度理論では、組織を制約する敵対的な制度的環境と妥協しなければ、組織は存続できない（環境↓組織）と論じられた。バーナードでは、組織の存続のためには、目的達成のための有効性（環境↓組織）と、協働意欲を引き出すための個人動機の満足（人間↓組織）の確保が、経営者の役割であると主張された。

3　Open & 合理的モデル（状況適合理論）

一九六〇年代に、組織と環境との適合が高業績をもたらすという考え方が現れた。これを状況適合理論（Contingency Theory）と言う。ここには、技術と組織構造、課業環境と組織過程、課業と組織デザイン、に関する議論が含まれる。

Woodward (1965) は、イギリスの製造業の調査から、高業績企業には、生産技術と組織構造の間に、一定の関係があることを発見した。すなわち、複雑性が低い技術（単品・小バッチ）あるいは高い技術（装置生産）では有機的な組織が、複雑性が中程度の技術では機械的組織が、有効であると主張した。さらに、Perrow (1968) では、技術概念が人間の問題解決過程へと拡張され、もっとも技術が複雑な、例外が多く分析が困難な場合には、集権的かつ分権的（polycentralized）な組織が適切であるとされた。

Lawrence & Lorsch (1967) では、課業環境の不確実性に応じて分化（目標志向、時間志向、対人関係志向、構造度）が発達し、それに比例して統合（統合メカニズムとコンフリクト解決）が複雑になり、環境の不確実性―分化―統合の一貫性が、高業績をもたらすと主張された。

Thompson (1967) では、技術と課業環境が、組織に不確実性をもたらす源泉として認識され、課業環境の不確実性が低いときには、技術的合理性を最大にするため職能部門制組織が、課業環境が動態的なときには、技術と課業環境の交互的相互依存関係を保持して自律的な単位を作る（事業部制組織）が、環境が動態的でしかも技術も複雑な場合には、職能部門制組織の上に問題解決活動を重ね合わせるタスク・フォースが、効果的であると論じられた。Galbraith（1973）は、課業の不確実性に対処する情報処理システムとしての組織という観点から、代替的な組織デザインを識別し、水平的関係（直接の接触、連絡役、チーム、タスク・フォース、統合者、統合部門）では、職能部門制組織の上に部門横断的な調整・統合メカニズムが重ねられるプロセスが体系化され、これがマトリックス組織に到ることを明らかにした。

4　Open & 自然体系モデル（組織化の理論）

ここには、ゴミ箱的意思決定論、組織化の進化論、資源依存理論が含まれる。ゴミ箱的意思決定論は、「組織化された無秩序」と呼ばれるあいまいな状況の下では、選択機会、参加者、問題、解がランダムに結び付けられると主張した。資源依存理論では、焦点組織が自律性を保持しながら、不確実性を回避する組織間関係構築の戦略（環境操作戦略）が取り上げられ、自律化戦略（合併、垂直統合）、協調戦略（契約、役員導入）、政治戦略（政府規制、ロビー活動）が論じられた。組織化の進化論では、組織（organization）ではなく、組織化（organizing）が問題とされ、組織化が実現（enactment）→淘汰→保持というプロセスで進行すると主張された。個々人の行為が対人関係の相互作用の中で構築され（実現）、多義性が把持されてそれが回顧的に意味づけられて一義化され（淘汰）、因果地図として編集されて貯蔵される（保持）。これは人間→組織→環境という因果関係をもつ。

以上、経営学説の発展を、合理的モデル―自然体系モデル、Closed System アプローチ―Open System アプローチの二つの軸に沿って分類した。Open & 合理的モデルと Open & 自然体系モデルでは、因果関係は正反対であり、対立的な組織モデルが提示されている。

## 二　状況適合理論と組織デザイン

### 1　状況適合理論における適合概念

状況適合理論への批判はさまざまであるが、基本的には環境決定論（環境↓組織）という点にある。環境に適合した組織が高業績を導くというのが、状況適合理論の主張であるが、大規模組織は独占的な地位を利用して環境を操作する（組織↓環境）こともできるし、同じ環境で高い業績をあげている組織形態はさまざまである。

Open & 合理的モデルの特徴（環境↓組織↓人間）をもつ状況適合理論のキーワードは、「適合」である。Aston グループの研究は、規模と組織構造の適合を主張したが、そこでは業績の良し悪しは問題にされず、生存が基準とされた。その意味でこれは「選択的適合」である。Woodward や Lawrence & Lorsch ではそれぞれ2変数の適合が問題にされた。これは「相互作用的適合」である。Thompson や Galbraith では、複数の状況要因と組織の全体的な適合（多元的適合）が問題にされた。これは「システム的適合」と言われる。Thompson では、技術・課業環境と組織、Galbraith では、製品市場戦略と課業、組織構造、情報および意思決定プロセス、報酬システム、人間の適合が高業績を導くとされた。したがって、ここでは、環境―戦略―組織構造―組織過程の多元的適合が高業績をもたらすことになる。Chandler（1962）の有名な命題、「組織構造は戦略に従う」は、この意味で、戦略を状況要因とする状況適合理論であると言われることがある。ただし、戦略は環境（活動領域）の選択であり、これが戦略↓環境を意味するならば、環境決定論的な状況適合理論とは一線を画する。戦略↓組織あるいは環境↓戦略↓組織という関係においてのみ、Chandler 理論は、状況適合理論的含意をもつ。

### 2　多元的適合と発展段階モデル

多元的適合を前提にするなら、一つの適合は一定のパターン（形態）であり、ある適合状態から次の適合状態への移行は、不連続で段階的なものになる。こうして、状況適合理論における組織成長のモデルは、発展段階モデルと呼ばれる（図1）。

**図1　経営組織の発展段階モデル**

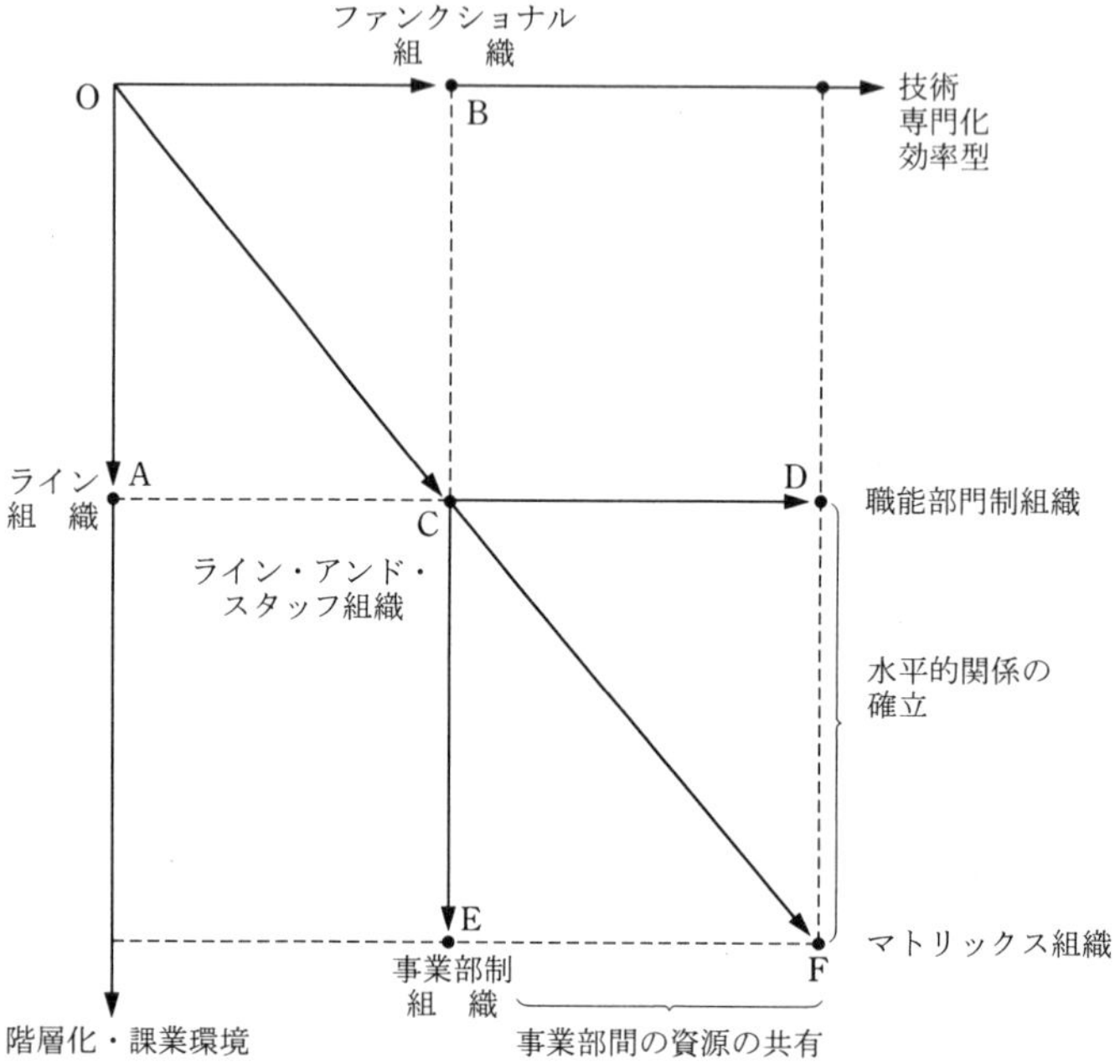


Closed & 合理的モデルでは、ファンクショナル組織（職能専門化）、ライン組織（階層化）、ライン&スタッフ組織（ライン組織＋スタッフとしての職能専門化）が、識別された。Open & 合理的モデルでは、環境の不確実性の低い場合に職能部門制組織、環境が動態的なときに事業部制組織が提唱された。さらに環境の不確実性と技術の複雑性の両方が高いときには、一般に職能部門制組織の上に水平的関係（統合メカニズム）が重ねられ、最終的には二重の権限構造をもったマトリックス組織が、不確実性のもっとも高い状況に適する組織形態であると主張された。

以上のように考えるなら、経営組織の発展段階モデルは、次のようになる。第一に、技術的合理性を最大にする組織はファンクショナル組織である。これは職能専門化を軸とした水平分業によって編成された組織形態である。専門化の原則は命令の多元化を招くので、組織はばらばらになる（構造上の分権）。したがって、トップはこれをまとめなければならない（管理上の集権）。これに対してライン組織は、命令の一元化に沿って組織されている（構造上の集権）ので、権限を委譲しても（管理上の分権）、組織は秩序を保つことができる。ライン組織の命令の一元化とファンクショナル組織の専門化を、共に活かそうとしたのがライン＆スタッフ組織である。ここでは、包括的な命令・決定権限をもつライン組織に対し、専門的な技術・知識をもって助言や助力を行うスタッフ組織が、付置されている。

職能部門制組織は、職能部門化されたライン＆スタッフ組織であり、事業部制組織は事業部門化されたライン＆スタッフ組織である。職能部門制組織では全般管理層はトップに集中しており、集権的である。事業部制組織は全般管理層がトップ（戦略的・管理的意思決定）と事業部（業務的意思決定）に分かれており、分権的である。マトリックス組織は、技術的合理性（効率）と環境変動への対応（柔軟性）に同時に対処しようとする組織形態であり、前者を統括する経営資源管理者（インプット・コントロール）と後者を統括する業績管理者（アウトプット・コントロール）のパワーバランスを、トップが調整することによって、柔軟な構造を保障しようとするものである。この意味で、供給（の集中）と需要（の分散）という市場メカニズムを、組織構造の中に組み込もうとする試みである。

マトリックス組織は、二重の組織編成を要求する外的圧力、高度の情報処理能力、情報・資源の共有の必要性、の全てが存在するときにのみ有効であり、職能部門制組織の効率性と事業部制組織の市場対応への柔軟性の両方の利点をもつが、管理コストが高く、また効果的に管理されない場合には、両者の権限が果てしなく対立することになる。

## 三　組織化の理論とLoosely Coupled System（LCS）

状況適合理論では、環境に適した組織デザインが、合理的な人間行動を保障することが前提されている。これはいわば、組織（organization）の構造的側面（organized）である。組織化の理論における組織とは、組織の行動・過程的側面であり、ここではorganizingという組織生成の側面が問題となる。

### 1　組織の生成と組織化の進化論

第一に、個々人はそれぞれの目的をもって行動する。各人がその個人目的を達成するために、互いに相手の行動を必要とするなら、言い換えれば、個人目的達成のための手段が一致すれば、互いの活動は調整されて、組織が生じる。第二に、一旦活動が調整され、それがお互いにとって一定水準以上の満足を与え続けるなら、繰り返し同じ相手との相互作用が続けられる。こうして最初は、個人目的の達成のために相互作用を繰り返していたものが、最後に同じ相手と相互作用すればいつでも自分の目的を達成できるという具合に、手段と目的が転倒する。ここに組織の存続という共通目的が生じる。第三に、組織の存続という共通目的が確立すると、それを効率的に達成するために、分業（階層分化と職能分化）が生じる。第四に、こうした分業が生じると、今度はその分業された職務に特有の下位目的が生じる。こうした、多様な目的↓手段の一致↓共通目的↓手段の多様化……の進行が、組織の生成・発展のプロセスである。

前述したように、この、組織の生成・発展のプロセスを描いたのが、組織化の進化論（実現↓淘汰↓保持）である。

組織を形成するのは、個々人の具体的な行動であるが、孤立したばらばらの行動ではなく、その相互作用である。しかも、この相互作用とは、Ａの行為がＢの特定の反応を引きだすことを前提としてなされるＡの行為（二重の相互作用）である。この二重相互作用によって生じるのが組織化のプロセスである。

実現（enactment）は、行為であり、個々人の「現実」は、対人関係の相互作用の中で生じる（現実の社会的構成）。このような「現実」は、トータルな現実の一部が切り取られたものである。特定の相手との相互作用の繰り返しにより、このような「現実」は確固としたものになるが、トータルな現実あるいは他の「現実」とは、乖離する（逸脱―拡大作用）。こうしたプロセスは、一般に自己達成予言と呼ばれてきた。ここでは、予想や期待が現実認識に一定のバイアスを与え、それが一定方向の行動を強化して、行動と認知の間に因果関係の循環（好循環や悪循環）が生じる。

淘汰は、多義性が把持されて適応可能性（柔軟性）が生み出され、それが除去されて一義化され、適応（安定性）が生みだされる過程である。多義性を把持するためには必要多様性（自律的な小単位への分割）が必要であり、結果に対して原因が特定され、回顧的に意味づけられる。こうして多義性が除去されて因果関係が特定される（実現化された環境）。

保持はこの因果地図が編集されて貯蔵される過程である。こうして組織化の結果、アウトプットしての環境が生じる。

2　組織化とLoosely Coupled System

以上のような、組織化のプロセスで生じる組織とは、個々の要素がタイトに連結したものではなく、自律的な要素が比較的独立に自由に振舞うものである。こうした自律的な単位の集合からなる組織は、Loosely Coupled System（LCS）と呼ばれる。

LCSを人間―組織―環境の相互作用との関連で定義すると、次のようになる。①下位システム内部の連結はタ

**図2　ルースリー・カップルド・システムの定義**

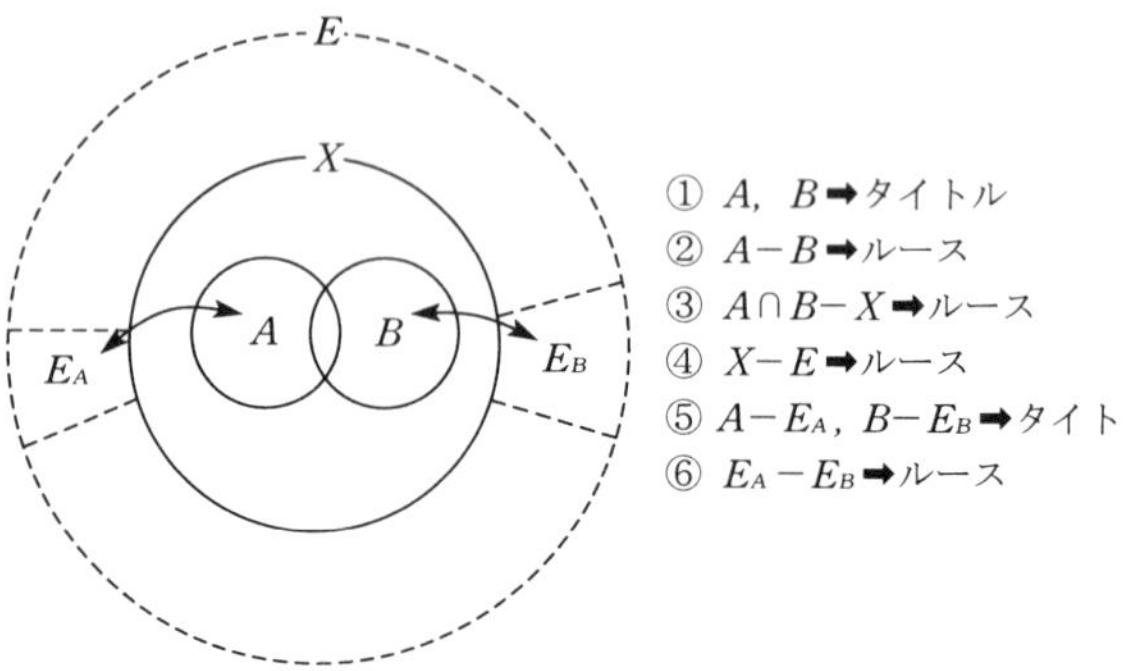


イト、②下位システム間の連結はルース、③下位システム間の共通部分が、システム（組織）に与える影響は弱い、④システム（組織）と環境のつながりはルース、⑤環境部分と下位システムとの連結はタイト、⑥環境部分間の連結はルース、である（図2）。

このLCSの特徴は、局地的適応（④、⑤）である。ここでは、下位システムはそれぞれ別々の環境部分に対応するので、システム（組織）としての多様性を保ち、対立する要求にも別々の下位システムによって、同時に対応できる。したがって柔軟である。逆に、環境部分が変動しても個々の下位システムが対応するだけで、システム（組織）は全体として変化せず、安定的である（適応）。こうして、LCSは、適応可能性（柔軟性）と適応（安定性）を同時に達成している。

以上のように考えるなら、LCSは多様な単位が自律的に行動している組織であり、高分化・低統合である。これは、分化によってゼネラリストを生み出し、より自律的な、相互依存性の低い単位間の関係を作り、それを階層によって統合する「共同的相互依存性」の創出を意味する。この意味で、ゼネラル・マネジャーによって階層的に結びつけられる垂直的階層分化、すなわちライン組織がLCSの前提である。

LCSでは、下位単位の障害が組織全体に広がることはなく、統合・調整のための管理コストも必要ない。しかし、逆に下位単位での革新は組織全体に波及せず、大規模な変化は困難である。したがって、LCSが効果的なのは、次の場合である。①変化が連続的でスムーズな場合、②単純で短い独立の因果連鎖に分解できる場合、③資源に余裕がある場合、である。

### 3　LCSとしての組織

以上のようなLCSの特徴（局地的適応と共同的相互依存性から生じる、自律的な単位の緩やかな集合）をもった組織として、次のものが挙げられる。

第一は、事業部制組織、持株会社、コングロマリットである。分社制やカンパニー制もここに含まれる。これらは、一般に分権的組織と呼ばれる。近時、マトリックス組織の管理上の複雑さを回避しながら、多元的な要求に応え得る組織として、フロント／バック（F／B）組織（多元的な事業部制組織）が提示されている。ここでの問題は、①LCSとLoose Couplingの違い、②LCSと業績の関係（関連事業多角化に基礎をおく事業部制組織の方が無関連事業多角化に関連するコングロマリットより業績がよい）である。

第二は、ネットワーク組織である。ここでは一般に、①垂直的分散、②調整者、③市場メカニズムによる連結、③公開情報システム、という特徴をもつ。ここには、①市場と組織の中間とは何か、②ネットワークにおける中核企業のパワー、③革新のディレンマへの対応、という問題がある。

第三は、ピアー・グループ（PG）である。PGとは、階層性と専門性をもち込まない対等なメンバー間の相互依存関係である。①LCSは階層をもち、単位間の相互依存性はルースである。PGは階層をもたず、単位間の相互依存性も低いとは限らない。②PGのAll-channel型のコミュニケーションは、必ずしも効率的ではない。③PGは相互作用を前提しているが、LCSは二重の相互作用を前提にしている。

第四は、リゾーム組織・ホロン的経営である。リゾームとは、根茎あるいは地下茎であり、四方八方へとダイナミックに成長しながら、生成と消滅を繰り返す組織を指す。ホロンとは、全体を表す「ホロス」と部分を表す「オン」の合成語であり、上位システムの一部分を構成すると同時に下位システムに対して独立な、準自律的全体としても機能するシステムを指す。ここには、①資源の重複、②部分の自律性と全体の調整との関係如何、という問題がある。

第五は、曼荼羅・フラクタルである。部分が全体の一機能として隷属することなく自律的で、しかも全体が一つのまとまりを示す一つの方法として、曼荼羅がある。ここでは、部分の中に全体が反映されている。部分と全体の自己相似性を数学的に表現したものが、フラクタルである。ここには、(時間的・空間的に)無限の世界を有限の中に表現しようとする工夫がある。

この意味で、下位システムの自律的な振る舞いがシステムの秩序を生み出すことを問題にするのが、複雑系の議論である。第一に、個々の要素の単純な合計が全体にならないという意味で、非線形的な性質をもつ。もっとも単純な非線形性は双方向の循環的な因果関係である。

第二に、個々の要素の無秩序・非決定性と全体の秩序・決定性の同時存在をカオスと呼ぶ。カオスはマクロレベルでの創発性を指す。この条件がミクロとマクロの同型性(入れ子構造)であり、新しい(マクロの)秩序が生じるときには、フラクタルが現れるということを意味する。第三に、複雑系は自己組織化するシステムである。自己組織化とは、環境と無関係に進化するということではなく、環境変化を巧みに自己に取り込んでより適応能力のすぐれたシステムへと発展することである。

## 四　結語——組織モデルの統合に向けて——

以上、アメリカにおける経営学説の発展を通して、そこにOpen & 合理的モデルとOpen & 自然体系モデルの二つの展開が見られることを論じた。前者は、環境↓組織↓人間という因果関係をもち、そこでは、「多元的適合」

**図３　組織生成のプロセス**

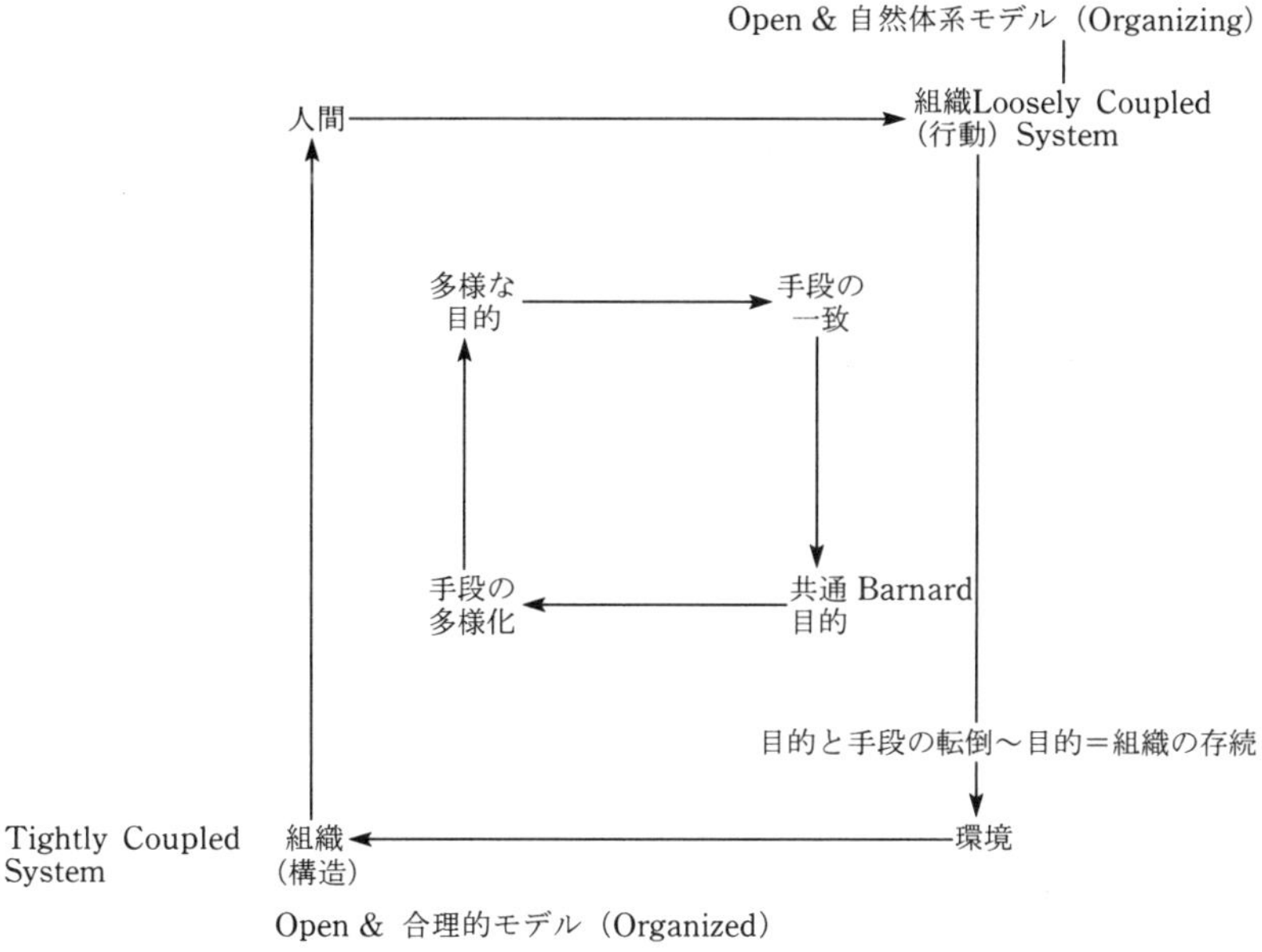


分業 { 垂直分業＝階層化→ライン組織
　　　水平分業＝職能分化→ファンクショナル組織

cf. Schein の定義

①共通目的
②労働・職能の分化
③権限と責任の階層
④活動の合理化・計画的調整

に見られるように、タイトな連結（複雑な水平的関係＝統合メカニズム）を旨とした組織が適切であると主張された。その典型がマトリックス組織であった。後者は人間↓組織↓環境という正反対の因果関係をもち、そこではLCSに見られるように、個々の単位の自律性と単位間のルースな連結を前提とした組織が提唱された。今後、この二つの組織モデルの統合が必要である。

### 1　統合の枠組み——経時性と共時性——

まったく正反対の因果関係や性質をもつモデルをどのように統合するのか。二つの方法がある。第一は、共時的統合である。これはメタ・パラダイムを作ってより包括的なモデルを作る方法である。言い換えれば、同じレベル、同じ階層では対立するモデルを一次元上あるいは一階層上で統合することである。たとえば実数と虚数は正反対の性質をもち、一次元の数直線上では、両立しない。しかし、二次元において両者は独立だが共存し、数として統合される。マトリックス組織は、職能部門制組織と事業部制組織を、それぞれ資源管理者と業績管理者の対立として捉え、さらにそれを統合する階層を付加して統合しようとするものである。組織（organization）は、組織化（organizing）と構造化（organized）の階層的統合である。

第二は、経時的統合である。正反対の因果関係を時間の経過に沿って並置し、それぞれ一方の結果を他方の原因とすることによって、循環的因果関係を作る方法である。すなわち、人間→組織→環境というOpen & 自然体系モデルは、環境→組織→人間というOpen& 合理的モデルと、同じ組織の生成発展の過程として、統合することができる。言い換えれば、正反対の因果関係をもつモデルは、因果関係の循環を形成することによって、時間の順序に沿って、対立するモデルを統合することができる（図3）。

## 2　統合的解釈モデル

組織（organization）は、組織化（organizing）と構造化（organized）から構成されるプロセスである。Organizing とOrganized という正反対のプロセスから、Organization が構成される（共時的統合）。さらに、Organizing（LCS）→Organized（多元的適合＝組織の発展段階モデル）の繰り返しによって、組織は発展する。たとえば、Allison（1971）のミサイル危機の分析を例にとって、次のようにこのプロセスを記述することができる。

ここでの問題は、ソ連のキューバへのミサイルの持込みであり、参加者はそれをどう解決するかという解を巡って、それぞれの立場を表明する。侵攻派、空爆派、海上封鎖派、外交派、無視派、秘密交渉派などである。それぞれ各派は、選択機会に直面して、自分の利害と信念に基づいて、選択肢を提示する（ゴミ箱的意思決定論）。

内部のパワーバランス、第一次キューバ事件（ピッグス湾事件）へのケネディー政権の弱腰と対応の失敗、選挙用のキャンペーン、U2偵察機によるミサイル建設の確認とU2の撃墜などの出来事を通じて、それ以外の解決案を主張するグループも、次第に空爆派と海上封鎖派に分かれる。すなわち、空爆派と海上封鎖派が、意味をもった解決案として浮上する。統合参謀は、空爆を国家安全上最優先と考え、また空軍の能力と存在意義を示すため、過剰な出撃回数を提案する。これに対して、司法長官（R・ケネディー）は、「逆真珠湾」を避けたいという道義上の目的を強調して、空爆に反対する。大統領（J・F・ケネディー）は、空爆は侵攻につながるという危惧を表明して、海上封鎖を選択する。これによって多義性が除去される（組織化の進化論）。

こうして、海上封鎖が唯一の合理的な解決案として意味づけられ、次のように正当化される。海上封鎖は、①無為と攻撃の中間であり、②次の選択をフルシチョフに委ねることができ、③カリブ海での会戦なら、アメリカは軍事的優位を確保でき、④通常兵器の弾力的使用が可能であり、優位を維持できる。したがって海上封鎖は、敗北か核戦争かの選択を相手国に迫らない、唯一の合理的な選択であった（状況適合理論）。これは、限定行為（海上封鎖）に基づく問題解決（ミサイル撤去）によって、核危機を回避したことを意味し、ケネディー政権の栄光を示すものである。

以上、アメリカにおける経営学説との関係で、二つの対照的な組織モデルがあることを明らかにし、両者の共時的・経時的統合の可能性を論じ、一例として、統合的解釈モデルを提示した。

**参考文献**

Allison, G. T., *Essence of Decision: Explaining the Cuban Missile Crisis*, Harper Collins, 1971.（宮里政玄訳『決定の本質—キューバミサイル危機の分析』中央公論社、一九七七年。）

Donaldson, L., *The Contingency Theory of Organizations*, Sage, 2001.

Galbraith, J. R. & Nathanson, D. A., *Strategy Implementation*.（岸田民樹訳『経営戦略と組織デザイン』白桃書房、一九八九年。）

岸田民樹「状況適合理論」経営学史学会編『経営理論の変遷―経営学史研究の意義と課題―』文眞堂、一九九九年。

岸田民樹「複雑系と企業経営」岸田民樹・史世民編著『変革時代の企業経営』名古屋大学国際経済動態研究センター叢書7、二〇〇一年。

Scott, W. R., *Organizations : Rational, Natural, and Open Ssytems*, Prentice-Hall, 1981.

Weick, K. E., *The Social Psychology of Organizing*, 2nd Edition Addison-Wesley, 1979.（遠田雄志訳『組織化の社会心理学』文眞堂、一九九七年。）

# 三　二十一世紀の企業モデルと経営理論

## ――米国を中心に――

角野信夫

### 一　序

今日、世界の国々の経済・政治・社会はますます組織化され市場は急速にグローバル化している。このポスト・インダストリアル社会の生産と流通を組織的に調整し支えている代表的制度が巨大株式会社である。約半世紀前、メイソンは『現代社会の株式会社』の序章において、アメリカの巨大株式会社はますますパブリックな側面を色濃くもつようになったと述べた（Mason, 1959）。この本の公刊から三七年後の一九九六年、ケイセン編『アメリカ株式会社の今日』が公刊された。この本は、アメリカ株式会社の市場志向的なプライベートな側面の復活を示唆している（Kaysen, 1996）。

現代アメリカ株式会社の持つプライベートな側面とパブリックな側面の濃淡の推移を「経営理論の変遷」を通し「二十一世紀の企業モデルと経営理論」として明らかにする。

## 二　企業モデルの原点

今日の時点からみて「アメリカ企業モデルの原点」を何処に求めるか、ここではヴェブレンの『企業の理論』を取り上げる（Veblen, 1904）。なぜなら、十九世紀末から二十世紀初頭に株式会社金融を駆使した合併運動を契機としてアメリカ企業の原型が形成されたと考えるからである。

### 1　進化論的経済学

ヴェブレン的思考の根底にあるのは「進化論的経済学」という考え方であった。それは、初期プラグマ思想に見られた能動的人間観に基づくもので、「経済活動、その所産としての財の生産も人間の知識・技術が産業の過程に入り込み産業の発展を導くのであり、変革をもたらすのは人間という変化要因である」という主張に見られる（Veblen, 1919, p.71）。それゆえ、ヴェブレンは『企業の理論』一章で、現代の経済現象を解明するには企業者の観点、すなわち、企業の動機・目的・活動を分析する企業理論であらねばならないと主張したのである。

### 2　機械過程と営利企業の原則

ヴェブレンによれば企業活動を導く一つの原則は「機械過程」の原則で、それは産業革命を導いた生産の機械化に止まらず、生産や労働の標準化さらには財や貨幣の流通の標準化も含み、経済活動が計画化・スケジュール化される経済の組織化傾向を意味した。もう一つの「営利企業」の原則は、売買行為を通した金銭的利得を追求する企業者の行為で、この原則も単に市場での財やサービスの売買だけでなく、金銭的利得追求の対象には企業そのものを売買する企業買収を含み、むしろこの点をヴェブレンは強調した（Veblen, 1904. 訳書、二—四章）。

### 3　資本市場と企業の資本

ヴェブレンが企業買収を重要な分析対象としているように、彼の資本概念は資本市場（信用経済）を前提にしたもので、企業資本は予想収益力の資本化（時価総額）を意味した。それ故、彼は、企業資本の中核にある無形資産としてのグッドウィルに注目し、企業は将来にわたり継続的な経済活動を行う継続企業（going concern）であると捉えた。そして、株式会社金融を駆使し大量の資本を調達する継続企業は、所有と支配の分離の端緒である企業資産の所有者と管理者の間に所有と支配の分離をもたらすとヴェブレンは指摘した（Veblen, 1904. 訳書、五—六章）。

4　企業と社会の矛盾

ヴェブレンは「機械過程」「営利企業」の二つの原則から制度としての企業行動を分析し、最終的には企業という制度は、金銭的利得を追求する「営利企業」の原則に支配されると考えた。確かに技術者は「製作本能」に基づき「機械過程」の能率（産業の能率）を追求するが、それはスタッフの役割といえるもので、企業者は信用経済を利用し金銭的利得の追求（企業の能率）を目指す。したがって、企業制度を中心とした現代の社会は、必然的に「企業と社会」の間に矛盾を抱えることになる（Veblen, 1904. 訳書、七—一〇章）。

## 三　組織経済の原点

コモンズも初期プラグマ思想に影響を受け人間の積極的な精神活動を重視する人間観からゴーイング・コンサーン論を展開した。しかし彼は、ヴェブレンのようにアメリカ社会やアメリカ資本主義を懐疑的にみるのでなく、むしろ組織化された経済活動をゴーイング・コンサーンという概念を通し積極的に評価した。

1　取引とゴーイング・コンサーン

コモンズは、取引（transaction）が経済活動を分析する最小分析単位であるとし、この取引の流れがゴーイング・コンサーンを形成すると考えた。彼の取引は単なる財やサービスの交換ではなく、取引は、資源への依存性や利害の対立と言った希少性が支配する経済活動において、取引参加者間で生み出された集合的行為準則（規則・規範）に従う所有権の移転行為と考えた。そして、機能的に合い関連する三つの取引、バーゲニング（bargaining）・管理（managerial）・割当（rationing）の各取引で生じる相互期待を前提とし、ゴーイング・コンサーンは集合的行為準則と戦略的要因に制約され機能する（Commons, 1934, p. 58）。

2　グッドウィル

コモンズは、取引を未来の期待価値を含めた所有権移転を伴う経済活動であると考え、継続的経済活動から得られるグッドウィルを重視した。会社・組合のような組織に見られるグッドウィルは、競争過程の中で参加者間の自発的意思（期待）を反映し生み出される。それは、消費者からの商業上のグッドウィル、銀行・投資家からの信用上のグッドウィル、労働者からの産業上のグッドウィルとして表れ、ゴーイング・コンサーンの市場価値に反映される。グッドウィルは、ビジネスの無形資産でゴーイング・コンサーンの生命である（Commons, 1934, p. 25）。

3　ゴーイング・コンサーンとしての企業

三つの取引に関して言えば、①バーゲニング取引は市場の中で行われる取引である。②管理取引は職長と労働者のように組織内の上下関係の中で行われる取引である。③割当取引は取締役が行うような全般的な政策決定に関わる取引である。この三取引からなるゴーイング・コンサーンとしての企業は、次の二つの概念から分析できる。①継続生産体（going plant）は、管理的取引の下で技術的能率の原則により統制される生産の組織である。②継続企業体（going business）は、売買取引の下で市場により評価されるビジネスの組織である。最良のゴーイング・コンサーンとしての企業とは、適切な戦略的要因が選択され継続生産体と継続企業体が調和するとき生み出される（Commons, 1934, pp. 56-68）。

4　ゴーイング・コンサーンと組織均衡論

株主・銀行・労働者・経営者といったゴーイング・コンサーンの参加者は、ゴーイング・コンサーンでの危険を負担する一種の「投資者」あるいはサービス提供者であり、そのゴーイング・コンサーンでの各地位を媒介としてゴーイング・コンサーンからサービス（誘因）を受けとる（Commons, 1924, p. 268）。つまり、危険負担（貢献）の見返りとしてサービス（誘因）を受け取るのであり、この考え方は、バーナードの組織均衡論に受け継がれた。

## 四　企業統治の原点

二十世紀初頭の合併運動以降、大規模株式会社は、多様な株式会社金融の手法、すなわち優先株・無議決権株・無額面株・転換社債等を発行し大量の資金を資本市場から調達した。大衆資金を動員・動化するこの資金調達の手法は多数の大衆株主を生み出し所有の分散化を促進し、経営に余り関心を示さない多数の群小大衆株主（無機能資本家）を生み出した。

### 1　株主権の後退と経営者権力

会社機関の中心をなす取締役会を実質的に支配した経営者は、普通株に備わっている議決権・収益請求権に様々な格差・条件をつける優先株や転換社債を発行し大量の資金を調達した。すなわち、経営者は議決権の制限された優先株や転換社債の転換条件の決定、株主の新株引受権の排除、資本剰余金の裁量的使用に見られるように、本来、全株主が等しく持つべき比例的権利（議決権・収益請求権）を侵害しているとバーリは考えた。また、持株会社を使用し大衆には優先株を販売し投資銀行が普通株を取得する手法や議決権信託の利用は、一層の株主権の後退と経営者権力の増大をもたらしているとバーリは指摘した（Berle & Means, 1932. 訳書、一二七―一八八頁）。

2　所有の分散化傾向と経営者支配

一九二〇年代以降の巨大株式会社の出現は、証券市場を介し大衆資金が株式会社に大量に流入し所有の分散をもたらしたが、群小株主である大衆株主は、株価や配当には関心を示しても会社経営そのものには深い関心を持ち得ない株主であった。また、広く分散した株主の経営参加権を保障する委任状投票制度の導入は、実質的に現経営者が次期取締役を指名する「経営者支配」を生み出す傾向を持った。バーリは、所有なき経営者権力の問題点（責任の所在が明確でない会社権力の行使）を指摘した（Berle & Means, 1932. 訳書、六九―一一九頁）。

3　バーリとドッドの論争

巨大株式会社における所有分散の中に株主権の後退と経営者権力の台頭を見出した会社法学者バーリは、経営者はあくまで「全株主の利益」を考慮し会社権力を行使すべきであると主張した（Berle & Means, 1932. 訳書、二四七頁）。このバーリの主張に対し、同じく会社法学者ドッドは、確かに会社財産は株主から拠出されたものではあるが、法はビジネスをもっぱら私的利益の追求という観点からのみ認めたのでなく、社会にサービスを与えるという点から法はビジネスの権利を認めている。新しい「会社観」に従えば、経営者は株主のみならず従業員・消費者・一般公衆の利害も考慮すべきで、長期的に見れば、このような諸集団の利害を考慮することは株主の利益にもなるとドッドは主張した。彼は、経営者の社会的責任に期待したのである（Dood, 1932）。

4　バーリ・ミンーズの見解

『近代株式会社と私有財産』の著者バーリ・ミンーズは、今日の巨大株式会社は、支配者の下に膨大な数の資本提供者・労働者・消費者・個人の活動を組織化した制度であるとし、もし将来、株式会社が生き残ろうとするなら、巨大株式会社の支配は私的欲求よりも公共的立場から社会の多様な欲求のバランスを取る中立的テクノクラシー（経営者）により発展さるべきである、と述べた。制度派経済学者としてのバーリ・ミンーズは、経営者による会社権力行使の正当化の問題点を指摘し、ドッドと同様に経営者の社会的責任に期待した（Berle & Means, 1932. 訳書、三五六頁）。

5　ビジネス・リーダーシップ論——もう一つの「経営者支配」論——

所有分散からではなく、ビジネス・リーダーシップの行使の観点から「経営者支配」を説明したのはゴードンであった。ゴードンは、大規模組織を伴った巨大株式会社の意思決定形成過程の分析から、ビジネス・リーダーシップは企業活動の方向を定める職能であるとし、ビジネス・リーダーシップの形成に影響を与えている集団として株主・銀行・取締役会・管理者（従業員）・政府をあげ、今日、巨大株式会社のビジネス・リーダーシップに対する責任は専門経営者集団に委ねられていると主張した。ゴードンは、長年の企業経営の経験と専門的知識から専門経営者が実質的に企業を統制していると考え、専門経営者論の観点から「経営者支配」論を展開した（Gordon, 1945. 訳書、三四二頁）。今日的に見れば、ゴードンは専門経営者の戦略的意思決定の行使から「経営者支配」を論じたといえる。

## 五　管理論から組織論へ

十九世紀末、工場の中から誕生した科学的管理は生産のみならず人事・販売・財務・全般的管理に関する理論化に大きな影響を及ぼした。概括的に述べるなら、戦前のアメリカの経営学は、クローズドな企業内の管理現象を職務・職能を通し分析し、その管理実践を原則化する「管理の理論」と呼べるものであった。しかし、戦前にあってもメイヨーらの人間関係論を端緒とし、企業での人間行動の分析を起点に、オープン・システムとして経営現象を明らかにしようとしたのが、バーナードとサイモンであった。

1　組織の理論

当時の社会学・心理学や経済学にも精通した博識の経営者バーナードは、長年のAT＆T社での経営実践を基に『経営者の役割』を著した。彼は、目的・動機・感情を持つ人間行動の本性そのものから経営現象を分析し、人間は目的を達成するため組織活動の出発点となる協働を選択すると考えた。つまり、協働の所産である組織は、目的達成に関わる人々（株主・従業員・消費者…）の動機を満たし（能率基準）、外界の環境（市場・社会…）に適応するとき（有効性基準）、組織は維持・発展するとバーナードは主張した（Barnard, 1938）。

サイモンは、人間行動を分析する基本概念を意思決定に求めた。意思決定とは目的達成のため手段を選択する行為であるが、意思決定に当たり人間は認知的能力の制約・情報の不完全性故に「制約された合理性」しか持たないので組織の持つ情報収集と処理能力を利用し、より高い合理性を持つ意思決定を確保しようとする。つまり、組織とは、より高い合理性を確保するための意思決定の計画化と手続化のシステムであり、そのための組織設計が重要となる（Simon, 1947）。

戦後アカデミックな世界でも、バーナードやサイモンの組織論が速やかに受け入れられたわけではないが、やがて彼らの考え方は多くの人々の共有する知的財産となった。

2　行動科学的組織論

人間関係論は、経営学に関連する分野としては初めての社会心理学的な小集団研究の成果で、ピゴーズらの『人事管理理論』にも大きな影響を与えた。戦後アメリカの大企業と大労働組合という寡占的労使関係は、職場のワーク・ルールを互いに有利なものにしようとするジョブ・コントロール・ユニオニズム、つまり官僚制化した労使関係を生み出した。この硬直化した労使関係と経営権を絶対視する管理実践を「X理論の管理」と呼んだのがマグレガーであった。彼は、マズローらの人間性心理学の人間観と社会心理学的な労使関係の研究から、今後の管理は労使協力的で参加的な管理に向かうべきであるとし「Y理論の管理」を主張した（McGregor, 1960）。

戦後、リッカートは態度調査法を用い高い生産性を上げている職場集団と低い生産性しか上げえない職場集団の比較調査を行った。その結果リッカートは、高い業績目標を目指し従業員中心の監督の下で職場集団の機能を重視する「システム４」の組織が、高いモラールと高い生産性を可能にすると主張した。職場での参加的決定とチーム型集団として組織を運営する「システム４」こそが、今後目指すべき組織なのであった（Likert, 1961）。

戦後、職場での参加的経営や職務満足の重要性を指摘した行動科学的組織論は、当時の管理実践に大きな影響を与えることはなかったが、その後の組織開発論や人的資源管理論の展開には大きな影響を及ぼした。

３　環境適応の組織論

一九六〇年代後半から七〇年代にかけ、市場環境から組織を説明しようとするコンティンジェンシー理論が現われた。すなわち、コンティンジェンシー理論は、市場と組織の相互作用を組織の環境適応の問題と捉え、市場環境と組織・管理の適合性（fit）を強調し、組織や管理に関するワン・ベスト・ウェイはないと主張した。

ローレンスとローシュは、各組織が直面する市場環境の違いやその変化が大きければ、組織はその構造を分化させ市場環境に適応する。しかし、企業が高業績を確保するには、分化を統合する組織構造と人的資源（キャリア形成）の開発が重要であると彼らは主張した（Lawrence & Lorsh, 1967）。トンプソンは、組織が積極的に市場環境に働きかける側面を強調した。組織は、市場の動きを学習しその動きに適応する規則化・計画化を試みたり、市場環境の中にドメイン（事業領域）を設定し、より積極的に環境適応のための競争戦略・共同戦略を展開すると主張した（Thompson, 1967）。ガルブレイスは、組織は変動する市場環境の中で課業不確実性に直面しているが、組織はこの課業不確実性を解消するための情報収集および情報処理能力を高める組織デザイン（組織構造と組織行動）を発展させると述べた。彼が提唱した組織デザインの一つがマトリックス組織であった（Galbraith, 1973）。

## 六　経営理論の展開

戦後アメリカ経済繁栄の主役であったアメリカ大企業は、七〇年代に入り新しい環境に直面した。ベトナム戦争の敗退・オイルショックと言った激変する環境の中で、アメリカ企業は戦後復興した西欧・アジア企業の挑戦を受けた。また八〇年代のアメリカ企業は市場あるいは株主の論理からM＆A運動の洗礼を受け、企業経営における経営者支配の効率性を問われた。

### 1　環境適応と組織行動

七〇年代、組織の環境適応に焦点を当てたコンティンジェンシー理論に対し、市場環境↓組織行動の緩い結びつきを指摘する見解が見られた。マーチらの「組織学習のモデル」は、環境↓個人↓組織行動、のサイクルは不完全な場合もみられ、組織の環境適応の複雑性・不完全性を指摘した（March, 1989）。またフェファーらは、「資源依存モデル」を展開する中で、環境↓組織の適応は、組織構造（権力分布）を媒介として適応するので、環境適応に関する経営者交代メカニズムは不完全性を有していると指摘した（Pfeffer & Salancik, 1978）。

### 2　組織の経済学（新制度学派）

他方、「組織の経済学」は市場↓組織の問題を市場効率性の視点から分析した。ウイリアムソンは、取引コスト概念を使用し経済活動が市場から組織へ内部化されるのは取引コストの比較優位性から説明できると主張し、内部組織化した大企業の優位性を明らかにした。この「組織失敗の枠組み」という分析手法は、市場↓組織だけでなく組織↓市場も説明するもので、その後ウイリアムソンは、職能別組織（U形態企業）・事業部制組織（M形態企業）・持株会社・コングロマリット企業といった様々な経済活動のパターンを「契約関係の統治」という分析枠組みから説明した。（Williamson, 1975, 1985）。

系列やフランチャイズのような中間組織（準市場）を含め、市場と組織を並列的に分析する「新制度学派」の考え方は、日本企業の系列関係を積極的に評価するためにも用いられたが、同様の時期に展開されたエイジェンシー理論とともに「新制度学派」の主張は、市場あるいは株主（プリンシパル）の観点から市場効率性を基準に「経済活動のパターン」は選択されると主張していた（Kaysen, ed., 1996, Chapter 10）。

3　経営戦略論の登場

経営戦略に関する著作ではなかったが、チャンドラーはデュポン社・GM社等の経営史的研究から「構造（組織）は戦略に従う」と主張した。彼にとり戦略とは、長期的企業目標を決定しそのための資源配分のパターン（事業部制）と企業行動に道筋を与えることであった（Chandler, 1962）。また、アンゾフは、企業の長期的な意思決定は投資決定論では十分説明できず、自社および他社の能力分析に基づき今後変化する市場環境の中でシナジー効果と製品次元・市場次元での発展可能性から分析する「経営戦略論」として展開すべきであると主張した（Ansoff, 1965）。

七〇年代、経営実践との関連で大きな影響を与えたのは、ボストン・コンサルティング・グループのPPM理論であった。この考え方は、プロダクト・サイクルおよび経験曲線という分析概念から、どの事業部門（領域）に資金を投入しマーケットシェアを獲得することが、将来の企業収益とキャッシュフローを最大化しうるのか、つまり多角化したアメリカ大企業の事業選択への指針を与えるものであった。

4　経営戦略論と市場

経営戦略論が注目を集めたころ、組織の市場環境へのフィットといったコンティンジェンシー理論の接近法は、経営戦略論の市場↓戦略↓組織といった基本的な視点と共通するものがあった。他方、当時、規制緩和の流れを受け産業組織論の分野では、市場行動（産業における総体としての企業行動）が市場成果（生産と配分の効率）を決定するという接近法が強調され、この接近法から戦略論を展開したのがポーターであった（Porter, 1985）。

ポーターは、産業における競争要因として①同業者との間の競争状態、②新規参入業者の脅威、③代替品の脅威、④供給業者との交渉力、⑤買い手との交渉力、をあげた。この五つの競争要因に働きかけ自社独自の競争優位を確保するには、①コスト・リーダーシップ戦略、②製品差別化戦略、③集中化戦略、の三つの戦略が考えられるが、③集中化戦略は事業領域を絞り込む「選択と集中」の戦略であった。コンティンジェンシー理論が市場に組織構造を適応させようとしたのに対し、ポーターは、市場構造の中に自社独自の競争優位なポジショニングを創造する戦略論を展開した。コンティンジェンシー理論・経営戦略論は、市場環境の変化およびM&A運動に見舞われた七〇─八〇年代のアメリカ企業にとり、まさに「適合的」な理論であった。

5　経営戦略論と組織

マグレガー・リッカートらの行動科学的組織論は、その後、組織開発（OD）と呼ばれる研究領域の基礎を築いた。当初このODは、組織変革を通し人間の欲求を満たす「組織の人間化」を目指したが、七〇年代後半になるとコンティンジェンシー理論・経営戦略論の影響を受け、国際競争力の回復という視点から市場環境に適応するための組織の再活性化手段として論じられるようになった。すなわち、当初ODが主張した職務拡大・職務充実・職務再設計はタビストック・グループの「自律的作業集団」や「カイゼン・日本的経営」が関心を集めるようになると、チーム・アプローチ（職場集団の活性化を基礎にした生産性向上）や組織文化を通した組織の変革として論じられた。その結果、それまで人事管理論と呼ばれていた学問領域では、八〇年代には人的資源管理論（HRM）、さらには集団・組織を競争優位の源泉とみる戦略的人的資源管理論（SHRM）が主張された。

八〇年代になると、経営戦略論は組織の持つ貴重な資源あるいは組織内の戦略形成プロセスに注目した。ミンツバーグは、初期の経営戦略論が強調した分析的でトップ・マネジメント中心の計画的戦略論でなく、逐次の環境変化に適応しながら組織内で戦略が創造・形成される組織内プロセスに注目し「創発的戦略論」を主張した（Mintzberg & Quinn, 1991）。ハメルとプラハラードは、組織が持つ顧客価値創造能力、新規分野・新製品を開発する組織能力と言った組織の持つ競争優位な中核的経営資源を「コア・コンピタンス」と呼び、戦略は「コア・コンピタンス」の視点から論ずべきであると主張した（Hamel & Prahalad, 1994）。経営戦略は、組織内の戦略形成過程や組織資源・組織能力に注目し組織内から環境を解釈する「組織および資源ベース」の経営戦略論が主張された。

6　企業と社会

戦前、ドッドやバーリ・ミーンズが指摘した経営者の社会的責任への期待は、戦後の六〇年代には「企業と社会」という学問領域を生み出した。デービスらは、現代の大企業は強大な権力と影響力を持っており、長期的にみれば経営者の社会的に責任ある権力の行使が不可欠であるとし「権力に関する責任鉄則」を主張した（Davis & Blomstorm, 1966）。また、七〇年代になると、先進的な経営者の集まりである「経済開発委員会」は、企業はよりよい製品・サービスを社会に提供する経済機能を第一義としているが、今後は、株主だけでなく従業員・消費者・供給業者・地域住民・社会・環境に対する社会的責任も考慮すべきであると述べた。

7　企業統治と企業倫理

八〇年代に入るとアメリカにおいても「新保守主義」思想が勢を増し、共和党政権の下で自由競争・規制緩和の時代に入った。この間、インサイダー取引等のスキャンダルが多発し企業倫理が大いに問われた。同時に企業統治の分野では「経営者支配」の下で機能しない取締役会が問題となり取締役会の改革が論じられた。

このような状況を反映し、八〇年代には応用哲学・倫理学としての企業倫理がビジネス・スクールの教育の中で展開され始めた。エプスタインの主張に従えば、企業の社会的責任は、結果責任に先立つ企業内の意思決定形成過程にまで遡り論ずべきで、意思決定過程に関わる企業倫理の制度化の重要性が指摘された（Epstein, 1996）。

## 七　二十一世紀の企業モデルと経営理論

戦後のアメリカ資本市場は、七〇年代半ば以降急速に年金基金・ミューチュアル・ファンド等の所有の機関化が進行し、機関投資家は効率の上がらない「経営者支配」の企業に対し「ウォール・ストリート・ルール」で対処したが、八〇年代に規制緩和が進行すると、企業はTOB・LBOによるM&Aの波に見舞われた。九〇年代になると機関投資家は益々大量に株式を保有するようになり、直接的に経営者の交代を要求した。経営者は再び株主の権利に目を向けねばならなかった。

経営者は、資本市場での株主の要請に応え、また自己の地位を維持するためにも市場環境に適応し企業業績を向上させるための指針を説く経営戦略論に注目したが、組織経済の進行とともに、経営者は組織内外のステーク・ホルダーとの間にグッドウィルを伴った創造的関係を作りあげることの重要性も認識した。この様な状況を反映し企業統治に関しては、外部取締役・各種委員会の設置を中心とした取締役会の改革が推進された。

大規模な組織活動を伴う大企業においては多様なステーク・ホルダー・マネジメントが、まさに今日的課題となる。二十一世紀の企業は株主の利害のみならず、消費者・サプライヤー・従業員・地域社会・政府や社会の要請にも応えねばならず、環境問題を含め多様なステーク・ホルダーとの間にグッドウィルを創造する関係を作り上げねばならない。それは、二十一世紀の企業にとっての戦略的制約要因とも考えられるのである。

**引用文献**

Mason, E. S. (ed.), *The Corporation in Modern Society*, 1959.
Veblen, T., *The Theory of Business Enterprise*, 1904.（小原敬士訳『企業の理論』勁草書房、一九六五年。）
Veblen, T., *The Place of Science in Modern Civilization and Other Eessays*, 1919.
Commons, J. R., *Institutional Economics*, 1934.
Commons, J. R., *Legal Foundations of Capitalism*, 1924.
Berle, A. A. & G. C. Means, *The Modern Corporation and Private Property*, 1932.（北島忠雄訳『近代株式会社と私有財産』文雅堂銀行研究社、一九五八年。）
Dood, E. M., "For Whom Are Corporate Manager Trustees?", *Harvard Law Review*, Vol. 45, May, 1932.
Gordon, R. A., *Business Leadership in the Large Corporation*, 1945.（平井・森訳『ビズネス・リーダーシップ』東洋経済新報社、一九五四年。）
Barnard, C. I., *The Functions of the Executive*, 1938.（山本・田杉・飯野訳『経営者の役割』ダイヤモンド社、一九六八年。）
Simon, H. A., *Administrative Behavior*, 1947.（松田・高柳・二村訳『経営行動』ダイヤモンド社、一九六五年。）
McGregor, D., *The Human Side of Enterprise*, 1960.（高橋達夫訳『企業の人間的側面』産業能率短大、一九七〇年。）
Likert, R., *New Patterns of Management*, 1961.（三隅二不二訳『経営の行動科学』ダイヤモンド社、一九六一年。）
Lawrence, P. R. & W. Lorsh, *Organization & Enviroment*, 1967.（吉田　博訳『組織の条件適応理論』産業能率短大、一九七七年。）
Thompson, J. D., *Organization in Action*, 1967.（高宮　晋監訳『オーガニゼーション　イン　アクション』同文舘、一九八七年。）
Galbraith, J. R, *Designing Complex Organization*, 1973.（梅津裕良訳『横断組織の設計』ダイヤモンド社、一九八〇年。）
March, J. G. (ed.), *Decisions and Organizations*, 1989.
Pfeffer, J. & G. R. Salancik, *The External Control of Organizations*, 1978.
Williamson, O. E., *Markets and Hierarchies*, 1975.（浅沼・岩崎訳『市場と企業組織』日本評論社、一九八〇年。）
Williamson, O. E., *The Economic Institution of Capitalism*, 1985.
Kaysen, C. C. (ed.), *The American Corporation Today*, 1996.
Chandler, A. D., *Strategy and Structure*, 1962.（三菱経済研究所訳『経営戦略と組織』実業之日本社、一九六七年。）
Ansoff, H. I., *Corporate Strategy*, 1965.（広田寿亮訳『企業戦略論』産業能率短大、一九六九年。）

Porter, M. E., *Competitive Advantage*, 1985.（土岐・中辻・小野寺訳『競争優位の戦略』ダイヤモンド社、一九八五年。）
Mintzberg, H. & J. Quinn, *The Strategy Process*, 1991.
Hamel, G. & C. Prahalad, *Competing for the Future*, 1994.（一條和生訳『コア・コンピタンス経営』日本経済新聞社、一九九五年。）
Davis, K. & R. L. Blomstorm, *Business and its Enviroment*, 1966.
Epstein, E. M., 中村・風間・角野・出見世・梅津訳『企業倫理と経営社会政策過程』文眞堂、一九九六年。

# 四　ＥＵ企業モデルと経営理論

万仲脩一

## 一　序

欧州では第一次大戦後から既に国家間の共同体化あるいは国家連合機構を構築しようとする提唱が行われてきたのであるが、第二次大戦終結直後から政治的、経済的あるいは社会的な荒廃に直面してそのような動きが本格化した。この具体的なあらわれは、まずは欧州石炭鉄鋼共同体（ECSC）条約が一九五一年に、欧州原子力共同体（EAEC）と欧州経済共同体（EEC）が一九五七年にそれぞれ、当時の西ドイツ、フランス、イタリアおよびベネルックス三国の六カ国によって調印され、順次、それら共同体が発足したことに見られる。そして、一九六七年にこれら三つの共同体の理事会や委員会等の機関が統合されて欧州共同体（EC; European Community）が形成され、紆余曲折を経ながらもそれはその後も拡大を遂げてきた。一九九一年一二月にマーストリヒトでの欧州理事会において欧州連合条約が合意・締結され、それが翌年二月に調印され、一九九三年に発効したことにより、ＥＣは欧州連合（European Union；以下ではＥＵと略称する。）と称せられる新たな国家連合機構を志向するものとして展開を見ることとなった。一九五〇年代における前記六カ国による三つの共同体から出発して、ＥＵの加盟国は二〇〇五年現在で二五カ国に及び、さらに拡大の傾向にある。ＥＵは経済的にはアメリカやアジアと並ぶ一大経済圏を形成しているのではあるが、それは、法的拘束力をもって加盟各国の連合化を図り、しかも単に経済的連合のみならず、政治的あるいは社会的連合をも目指している点で、アメリカやアジアの経済圏とは著しく性格を異にしている。ところで、こうした国家連合機構については、それに加盟する各国の政治、経済、社会、文化などの特殊性を尊重しながらも、その相違や利害を調整して全体としての連合を図らなければならないという困難が存在するのであり、事実、ＥＵの歴史はまさに加盟国間の利害対立の調和化の努力の歴史であったといっても過言ではない。(1)

さて、ＥＵはまずは経済的に加盟各国を包含する単一市場の形成を意図してきた。そして、企業についても、各加盟国の会社法にもとづく会社とは別に、ＥＵ市場内で円滑な経済活動を行うべくＥＵ法人としての欧州会社(Societas Europaea)——以下ではこれをＳＥと略称することとする——を設立しようとする努力、すなわちＳＥの設立と運営に関するＥＵ会社法の制定の努力が要請されてきた。ＥＵ会社法は二〇〇一年に欧州議会で成立し、二〇〇四年一〇月八日から発効している。このＥＵ会社法にもとづくＳＥこそはＥＵに特有の性格を有し、現在のところ加盟国が合意している、あるいはＥＵの志向している企業モデルをあらわしていると考えられる。その意味で、われわれはこれを現在のＥＵの目指す統一的な企業モデルと解することができる。そこで、本稿では、ＥＵの企業モデルの典型をＳＥに見出し、経営学の立場からかかるものとしての特質を明らかにし、そうした企業を考察することの経営学的意義について若干の考察を加えることとしたい。

ところで、ＳＥがＥＵの企業モデルの典型であるという場合、二つの側面が注意されなければならない。一つは、ＳＥの経済的組織体としての側面であり、いま一つは、ＥＵの社会モデルのＳＥにおけるあらわれとしての経営に対する被用者参加の側面である。ＥＵ会社法の制定については、一九五九年にサンダース(Sanders, P.)

によって最初にその必要性が提唱されてから四〇年余りを、一九七〇年に会社法規則原始草案が提案されてからでも三〇年余りを要した。その最大の理由は経営への被用者参加をめぐる加盟国間の見解の相違にあったといわれている。二〇〇一年のＥＵ会社法が「ＥＵ会社法規則」の中で被用者の経営参加の可能性を想定しているほかに、特に「被用者参加に関するＥＵ会社法を補足するＥＵ理事会指令」ないし「被用者の経営関与に関する指令」が付属させられたものになっていることのうちに、被用者参加がＳＥに関する特別な問題の一つをなしてきたことは明らかであろう。本稿においても経営学の観点から被用者参加がＳＥの特徴として重視されざるをえない所以である。

このように、ＳＥは単に経済的組織体としての側面を持つのみならず、被用者参加というすぐれて経営社会政策的側面をも有し、しかもそれがＥＵ会社法およびその補完をなす理事会指令によって定められていることを考慮するとき、ＳＥに関する研究は経営学のみならず、法学などとの学際的研究として行われなければならないであろう。ＥＵ会社法の法律面からの研究は、ＥＵ諸国においても、わが国においても既にかなり行われている。しかし、本稿では、会社法の法的側面に注意を向けながら、前述のように、特に経営学の立場を意識してＳＥの問題を取り上げることとなる。同時に、われわれは、「壮大な実験」と称せられるＥＵという国家連合機構がともかくも形成されてきた理由にも関心を向け、それとの関連で経営問題の考察についての示唆を得ることとしよう。

## 二　ＳＥの経営的および経済的意義

ＳＥは、各ＥＵ加盟国の国内会社法にもとづく会社とは別に、加盟国の枠を超えて設立される会社である。上述のように、このためのＥＵ会社法の制定に関する本格的研究は一九六八年にその提唱者であるサンダースを中心とする専門家によって開始され、その結果は一九七〇年六月にＥＣの会社法規則原始草案としてまとめられた。それが会社機関の二層制を前提とし、そのもとで会社機関に被用者代表を参加させる規定を含んでいたことからすれば、これは恐らく当時の西ドイツの企業法をモデルにしていたと考えられる。そのために、これに対しては、二層制を採用していない国や、被用者の経営参加を認めていない、あるいはそれに消極的な国を中心に、一部の諸国から激しい批判が浴びせられた。その後、その修正も行われたのではあるが、一九八〇年代初めにはこの規則案についての合意が得られないままに議論は中断されてしまった。

しかし、世界的に経済のブロック化が進んだことにより、強力なアメリカ経済や発展の著しいアジア経済を意識して、欧州はそれに対抗すべくその経済的競争力を強化する必要性に迫られた。このような状況のもとで、欧州において経済的共同体の形成ないし単一市場の形成を目指すべきだとする見解がさらに強く主張されるようになったのである。同時に、経済のグローバル化に伴いＥＵ諸国にも他の地域からの企業の進出が行われるようになり、またＥＵ諸国の企業もその域内で国境を超えた活動や連携を盛んに行うようになった。そこに、ＥＵにおいて経済活動を円滑に行いうるような企業、つまりＳＥの必要性が再び認識されるようになり、それに伴ってＥＵレベルの共通のルールとしてのＥＵ会社法の制定も改めて急務のこととして要請されるようになったのである。

さて、現行のＥＵ会社法によれば、ＳＥは公開有限責任会社（株式会社）として、以下のような場合に設立されうるとされている。

① 域内の国籍の異なる複数の公開有限責任会社が合併する場合
② 域内の国籍の異なる複数の公開または非公開有限責任会社が持株会社を設立する場合
③ 域内の国籍の異なる企業が共同で子会社を設立する場合
④ 本社所在国以外の域内加盟国に子会社を二年以上有する公開有限責任会社をＳＥへと転換（組織変更）す

る場合

さらに、ＳＥの資本金は一二万ユーロを下回らないこと、登記は本社所在地の加盟国で行われ、ＥＵ官報に掲載されること、会社名の前あるいは後に「ＳＥ」をつけなければならないことなどが定められている。なお、ＳＥの最高管理組織を「一層制にするか、二層制とするか」という長い間の懸案であった問題については、そのいずれかをも選択しうるとする選択制がとられている。

さて、現行のＥＵ会社法では、ＳＥの設立については主としてＥＵ内で上場されている大企業のＳＥ化が想定されているにすぎなく、中小の非公開会社のそれが意図されているわけではない。そのため、中小企業を対象としたＥＵ有限会社法の制定が各方面から要請されている。とはいえ、ＥＵの域内市場の完成のためには、その経済社会状況のもとで通商の障壁を除去するのみならず、生産構造をもＥＵのレベルに適応させることが必要である。それによって、ＳＥは各地域の要求のみならず、ＥＵ全体の規模で事業の展開を計画し、実施するという要請にも対応しうるものとなろう。さらに、ＳＥについては、設立、登記、決算報告等の会社運営に関して加盟国ごとの会社法に従って手続きをする必要はなくなるなど、そのような手続き費用の削減が期待される。あるいは、ＳＥ化することによってその活動に有利な国への本社の移転や企業の合併が容易になることから、それはこの点からもＥＵでの企業の活動やＥＵ経済の活性化に貢献するであろう。ここに、大企業のみを想定対象にしているにすぎないという上記の問題点はあるにせよ、ＳＥおよびＥＵ会社法の経済的意義は明らかである。ただし、ＥＵ会社法が施行されてまだ間がないことから、いまだその法的問題が研究の中心をなしており、その経済的・経営的な実態や意義、問題点については現在のところ明らかではない点が多い。このことについては、われわれは今後の動向に注目するほかはない。

## 三　被用者による経営参加——欧州社会モデル——

次に、SEのいま一つの特徴である経営に対する被用者参加について概観し、若干の考察を加えよう。欧州の資本主義についてはしばしば二つのモデルが区別される。一つはオーストリア学派の流れを汲む新自由主義の立場であり、それは市場原理による競争的な経済社会の秩序化機能の有効性に信頼を寄せるものである。いま一つは、市場による調整に疑問を呈し、官・労使・民の三者による協調的な社会秩序の確立を目指すものであり、これこそが欧州社会モデルと称せられ、欧州の資本主義経済および企業を特徴づける立場を伝統的にあらわすものと解せられている。企業との関連では、この社会モデルは一般には被用者の利益を如何に擁護するかという問題、とりわけ被用者による経営参加の問題として論じられており、SEとその基礎となるEU会社法の形成においてもこの特徴は受け継がれている。しかし、それはすべての加盟国において必ずしも積極的に受容されてきたわけではない。前述のように、この点をめぐる対立がEU会社法の成立に三〇年あるいは四〇年を要することとなった原因であったことに、このことは明らかである。ところで、SEにおける社会モデルの特徴を被用者による経営参加に求める場合でも、その制度としては一般に二種類のものが区別されうる。

一つは、会社の正規の最高管理機関あるいは監査機関への被用者の利益代表の派遣であり、これは経営への狭義の参加（participation）と称せられうる。ドイツの共同決定法に見られる制度がその典型であろう。いま一つは個々の企業の被用者代表機関としての欧州労使協議会（european works council）がそれである。それはそれぞれの企業の経営者側から情報を入手し、経営者側との協議（consultation）を行うという制度である。これは経営に対する被用者の関与（involvement of employee）と称せられる。(2) この両者を含めて「広義の経営参加」と呼ぶことができるであろう。
会社機関への被用者代表の派遣は、前述のように一九七〇年のEC会社法規則原始草稿に盛り込まれたのであるが、それに対する批判を受け入れて部分的に修正されたうえで、EC委員会による「株式会社の構造に関する第五指令案」(一九七二年)としても提案されていた。だが、後者に対しても、被用者のそのような経営参加自体に批判的な諸国はもとより、それが二層制を前提にしていたこともあって一層制をとる諸国からも激しい反対が生じた。そのために、この第五指令案もついに採択されるところとはならなかった。この反対意見を考慮して、一九七五年にはEC委員会は一九七〇年のEC会社法の第二次修正案を理事会に提案したが、それについても各国の意見がまとまらず、前述のようにEC会社法の審議は完全に中断される結果となったわけである。なお、後に再開された議論の結果として二〇〇一年に成立した現行のEU会社法では、企業の最高機関への被用者代表の参加の如何や被用者代表の人数など参加のあり方については、労使交渉で決定し、それによっても合意が得られない場合には標準ルールが適用されることで決着をみた。(3)(4)
第二の欧州労使協議会は「被用者の経営関与に関する指令」としてその設置が承認されたものである。それは被用者に対し、彼らの利害に重大な影響を及ぼす事項についての企業の意思決定に、情報取得・協議という比較的ゆるやかな形においてではあるが、関与する機会を与えようとするものである。そして、その協議のために特に重視されるのが社会的労使対話(social dialogue)にほかならない。この被用者代表制度はドイツにおけるいわゆる経営協議会(Betriebsrat)に相応するものであると解せられる。EUにおいて、被用者の利益の擁護として実質的に効果の期待されるのはこの労使協議会であると考えられることから、これについて多少言及しておこう。(5)
「被用者の経営関与に関する指令」案はまず、一九八〇年にフレデリング指令案としてまとめられたのであるが、これに対しては特に経営者団体を中心に反対意見が出され、幾度かの修正が加えられた。その後、一九九〇年に欧州委員会（ドロール委員長）の指令案が提案され、欧州理事会においてそれについての実質的な合意が得られた。ＥＵの失業が深刻化し、経済的競争力の向上が緊急の課題となっている中で、この「被用者の経営関与に関する指令」については、労働費用を増大させ、意思決定を遅らせることになるのではないかとする産業界からの懸念が依然として強かった。しかし、それにもかかわらず、経済発展の追求のみでは欧州連合はありえず、被用者の利益の擁護等の社会的側面との調和のとれた発展を追求すべきであるとする産業民主主義が多くの加盟国に歴史的にかなり浸透していたこと、その一環として被用者の情報取得や協議といった形での経営関与が現実に一部の加盟国で実施されていたこと、そしてそれが被用者の勤労意欲を増進させ、かえって企業の競争力を高めると考えられたことから、結局は「被用者の経営関与に関する指令」は理事会の認めるところとなったのである。

さて、以上のような欧州社会モデルの企業における二つの具体的施策は被用者の利益の擁護の点で如何なる意義を有しているのであろうか。現実の市場の状況や被用者と使用者との力関係の著しい相違を想起するとき、つまり資本主義経済の体制原理が被用者の利益を損なう危険性を孕んでいる限り、労働組合との交渉を通しての解決とは別に、個別企業における労使協調関係を構築することの意義は否定されえないであろう。しかも、それに法的拘束力を持たせることについても、その実効性の確保の点からはその意義は認められうるであろう。それでは、そうした施策は現実に適切に機能しているのであろうか。この点については、既に理論的考察や調査研究が行われているが、ここでは、次の二つのものを挙げるにとどめよう。

まず、二層制の会社組織のもとでの監査役会への被用者代表の派遣の効果については、ドイツの共同決定制度に関する法学的研究と経営学の立場からの理論的および実証的研究の成果が参考になろう。(6) それによれば、一九七六年共同決定法にもとづくこの制度については、監査役会における出資者代表と被用者代表の形式的な対等性が規定されているにもかかわらず、実質的には出資者に有利に働くような規定も設けられている。さらに、現実には、被用者代表の監査役は企業全体の政策にではなく、被用者の利害に関わる事項についての決定にのみ関心を持つにすぎないともいわれている。このことは、資本主義経営としての企業においては完全に対等な共同決定が基本的には期待しえないこと、事実、それが実現されていないことを示唆している。

欧州労使協議会については、中野　聡によって、在欧日系多国籍企業を対象とするヒアリング調査の結果が報告されている。これによれば、労使協議会は労使間の双方向的なコミュニケーション、経営への被用者の関与、意識の向上、協調的な企業文化の形成などの手段としての機能に関しては肯定的に評価されており、情報開示と協議を促進すべきだと考えられているが、個別的には見解の分かれる点も存在しているようである。[7] そして、この制度を評価する場合でも、それが資本主義経営としての企業の存立を危機に陥れるのではなく、それを維持すべく社会的労使対話が資本主義経済の体制原理の枠内でのそれとして行われなければならないのであり、しかも情報の取得と協議という機能に限られている点でその現実的効果も限定的であることが看過されてはならないであろう。

かくして、狭義の経営参加ないし共同決定の制度であれ、欧州労使協議会であれ、それらが被用者の利益の擁護に一定の貢献をすることは否定しえないとしても、企業の本来的な目的である出資者の利益と対等のものとして被用者の利益の追求を図るのではなく、前者の利益の追求のもとでそれによって被用者の利益が損なわれないように配慮するという消極的な効果が追求されているのだと解せられるべきであろう。さらに、ドイツのような、被用者の経営参加について先進的な国と比較すれば、ＳＥにおける経営参加のレベルがいまだ低くとどめられていることは否定されえない。そこに、ＳＥにおける欧州社会モデルの問題点と今後の課題があるといえよう。

## 四　ＥＵ企業モデルに関する経営学的研究の意義

さて、ＳＥが以上のような制度的特徴を有し、特に欧州の社会モデルを端的に体現している企業であるとするならば、そうした企業を経営理論の中で研究することにはどのような意味が認められうるのであろうか。われわれはこの問題について若干の考察を加えよう。

外国であると、わが国であるとを問わず、経営の実践および理論において、被用者の利益を如何に守るかという問題は決して無視されるべきものではなく、また無視されてきたわけではない。しかし、各国におけるその考慮のされ方にはかなりの相違が見られることは否定されえない。アメリカにおいては、実質的にも企業は株主のものとして捉えられ、被用者の問題も市場原理によって処理可能であると考えられる傾向が強い。これに対し、欧州においては企業を形式的には出資者のものとして捉えながらも、現実には出資者と被用者の協調関係のうえに成り立つものとする理解が強く、しかもそうした社会モデルが法的に規定された諸施策として具体化されていることが多い。わが国においてもしばしば、労使協調はその企業の特徴の一つをなすと考えられてきたのであるが、欧州との相違は、それが法的に規定されているというよりは、労使間の自生的な関係として存在している点にあるといえよう。

ところで、欧州の社会モデルが経済や企業との関連ではまずは被用者の利益の擁護を直接の内容としているとはいえ、企業が種々の人間集団と利害関係を有していることを考慮するとき、企業についての社会モデルの対象はこれを被用者のみならず、取引業者、消費者や一般市民などのあらゆる利害関係集団に拡張することが原理的に可能であり、その意義は否定されえないであろう。われわれはここに、被用者を中心とした社会モデルを拡張することを通して、ＥＵの企業システムを発展的に考察する可能性を重視するものである。このことは同時に、ＥＵ企業モデルとしてのＳＥについての経営学的考察の最も重要な方向の一つをなすものと考えられうる。ＳＥの研究が経営学における広義の企業体制（Unternehmensverfassung）ないし企業統治（corporate governance）や、さらには企業倫理（Unternehmensethik）に関する研究との結合の可能性を示唆しているからである。

しかも、この問題の重要性は単にＥＵ企業の経営学に固有のものではない。それは、アメリカおよび日本においても、さらには企業と社会との関連の問題として論じられなければならなく、また論じられてきている問題である。その意味でそれは経営学の一般的な問題をなす。ＥＵの企業モデルに立脚する経営理論はその方向を最も端的に、先駆的に示しているのだと解せられるべきなのである。だが、企業の社会的側面の重視は決して企業の経済的側面から独立に論じられるべきではない。ここでも、企業が基本的には利潤を追求せざるをえない経済的制度であることを認めたうえで、社会的側面との調和を図る企業モデルの構築こそが要請されるのである。

## 五　結びに代えて

われわれは最後に、欧州における国家連合の形成の最初の提唱から、幾多の困難を乗り越えて、ＥＣの形成、マーストリヒト条約の締結によるＥＵの成立、通貨統合、さらにはＥＵ会社法にもとづくＳＥの設立にまで至ったその経緯に注目しておきたい。

第一に、何よりも欧州においては、国家連合を形成することの必要性についての意識が極めて強く、しかも持続的であったことが挙げられなければならない。その具体的な成果があらわれるにつれて、その精神が次第に未加盟の欧州諸国にも理解されるようになり、さらには世界経済のブロック化の傾向にも後押しされて、加盟国が増加していった。現在のEUは二五カ国から構成されているのであるが、EUの東方拡大と称せられるようにその加盟国はなお増加の傾向を示している。それは文字通り「欧州連合」に近づきつつあるのである。もとより、その拡大に伴って困難な問題も生じているのではあるが、われわれは、欧州連合が一つの欧州を形成しようとする強くかつ持続的な意思の結果であると考えるわけである。

第二に、国家連合としてのEUの構築の過程での関係各国の理性的で粘り強い努力が挙げられなければならない。周知のように、欧州には比較的狭い地域に、多くの異なる人種、民族、文化、言語、法律、生活習慣などを有する多数の国家があり、しかも各国の内部においてもそうした多様性を抱えているという、極めて複雑な地域である。そのために、歴史的には頻繁に地域紛争が発生してきた。これらのことを考えるとき、欧州に国家連合を構築することには特別の困難があったと考えられる。すなわち、国家連合の必要性について基本的な合意が形成されたとしても、個別の問題については激しい対立が存在したのであり、その対立を如何に解決するかがEUの形成にとって最大の難事であった。その場合、EU諸国が重視した方法は対話、討議、コミュニケーションであったと解せられる。欧州においては一般に、対立の解決の方法としてそれらを重視する伝統があるのであり、それによる粘り強い解決の努力がEUの形成に当たっても有効性を発揮したのである。このことは、EU会社法の成立の過程においても、会社機関について「一層制か、二層制か」をめぐって、あるいは一般に被用者の経営参加をめぐって、一時は激しい対立の故に挫折しながらも、四〇年にわたる息の長い対話の結果として合意に至ったことに端的に見られる。

第三に、EUの発展に際しては、単に対話に終始するのではなく、その具体的政策の実現について関係諸国は極めて柔軟に対処してきたことが軽視されるべきではない。近時のその最も典型的なあらわれは、二〇〇二年から流通が開始されたユーロの通貨統合に見出されうるであろう。周知の通り、通貨統合には現在のところイギリス、スウェーデンおよびデンマークといった国が参加しておらず、いまだ一二カ国が参加しているにすぎない。その意味では、それはいわば見切り発車といえなくもない。しかし、ＥＵ加盟各国がすべて合意しなければ政策が実行に移されえないとするならば、ＥＵは連合の実を具体的に挙げることはついに不可能であったであろう。「できるところからはじめよう」という方法、あるいは政策の部分的遂行を通して実績を積み上げることによって将来における多くの加盟国の参加を促すという方法は、場合によっては危険を孕んでいるとはいえ、ＥＵのような国家連合の政策実践にとってむしろ妥当な方法であったと考えられるのである。

以上において、われわれはまずはＥＵの企業モデルの典型をＳＥに見出し、特に欧州の社会モデルの具体的な発現としてのその特質を明らかにし、そのような企業モデルを研究する経営理論の意義について考察してきた。また、ＥＵの形成の方法についての欧州の経験が、経営の問題を離れても、東アジア共同体の構築を志向する見解がしばしば提唱されるようになっている今日、アジアにとっても極めて示唆的であるように思われる。もとよりＥＵ自体やＳＥについては、その一層の発展可能性に期待する見解がある一方で、その将来性に疑問を呈する見解も存在している。だが、われわれはいまだＳＥの現実や意義、問題点あるいは将来性の如何について論じることはできない。それについては法律上の議論が先行しており、その経営や経済の具体的側面は、実践面にも、研究面でも吟味の対象にしうる段階にはないからである。本稿では、ＥＵやＳＥの形成についてのこれまでの経緯を考慮しながら、特に経営学の立場を意識しながら、それらが持つであろう意義について若干の考察を加えることで満足せざるをえなかった。それはこれから注目し、考察されなければならない課題なのである。

**注**

（1）　ＥＵは欧州の諸国の大部分を加盟国としているとはいえ、スイスやノルウエーのように、あるいは東欧の一部の国のように、それにいまだ加盟していない欧州諸国も存在している。したがって、ＥＵ加盟国と欧州ないしヨーロッパは地域的に完全に一致しているわけではなく、両者は一応、区別して考えられなければならない。本報告では、ＥＵを考察の対象とすることから、「ＥＵ会社法」などのように一般には「ＥＵ」を用いるが、「欧州連合」、「欧州労使協議会」、「欧州理事会」のように慣用的に「欧州」が使用されている場合にはそれに従った。このときの「欧州」は実質的にはＥＵを指すことは明らかであろう。

なお、周知のようにＥＵはマーストリヒト条約の発効と共に、ＥＣの発展的解消によって発足したのであるが、本稿では、ＥＣとの歴史的連続性の故に、厳密には「ＥＣ」と称するのが適切だと思われるところでも「ＥＵ」を用いた個所がある。

(2)　「労使協議会」という名称は、被用者と経営者ないし使用者から構成され、両者の利害に関わる事項について協議する機関であるかのような印象を与えかねない。しかしここでの労使協議会がドイツの経営協議会と同様、被用者の代表機関であることが特に注意されなければならない。

(3)　なお、ＥＵ会社法との関連で「指令」とは、ＥＵ加盟各国の会社法の接近と調和を図るために欧州委員会（ＥＵの行政府であり、各種の政策、法案、予算の提案を行う。）が提案し、理事会が採択することによって法的拘束力を発揮するものである。ＥＵの制度と機関については、次を参照のこと。

辰巳浅嗣編著『ＥＵ―欧州統合の現在』創元社、二〇〇四年。

(4)　会社機関が一層制であるか、二層制であるかということと、会社機関への被用者代表の参加の如何は直接に対応しているわけではない。二層制の場合に経営参加としては一般には監査役会への被用者代表の派遣が考えられるのに対し、一層制の場合でも経営管理機関（取締役会）への派遣の形での経営参加はありうるのであり、逆に、二層制の場合でも経営参加が全く行われないこともありうるからである。

(5)　ここで「協議」とは、被用者代表機関または被用者代表とＳＥの関連機関との間での対話と意見交換、すなわち被用者代表に提供された情報にもとづき、それについての意見を表明することを彼らに認めることをいう。したがって、それが「共同決定」の意味での狭義の経営参加、つまり会社機関への被用者代表の派遣による会社の事業への影響の行使から区別されるものであることは明らかであろう。被用者参加指令における情報入手と協議の意味については、次を参照のこと。

上田廣美訳「「ヨーロッパ会社法に関する理事会規則の提案」と「被用者参加に関するヨーロッパ会社法を補完する理事会指令の提案」――ニース合意後の新法案――」『亜細亜法学』第三六巻第一号、二〇〇一年、二四七―二八五頁。

(6)　この点については、次を参照のこと。

正井章筰『ＥＣ国際企業法――超国家的企業形態と被用者参加制度――』中央経済社、一九九四年。

Gerum, E./Steinmann, H./Fees, W., *Der mitbestimmte Aufsichtsrat—Eine empirische Untersuchung—*, Stuttgart 1988.

万仲脩一『企業体制論――シュタインマン学派の見解――』白桃書房、二〇〇一年、一一五―一六一頁。

(7)　このことについては、次を参照のこと。

中野　聡「ヨーロッパ資本主義の２つの世界――コーポラティズムと代替社会モデル――」『豊橋創造大学紀要』第八号、二〇〇四年、八一―一一三頁。

# 五　EUにおける労働市場改革と労使関係

久保広正

## 一　はじめに

二〇〇二年二月、EU加盟12カ国の間で、共通通貨ユーロが導入され、これら諸国の間に限ってではあるが、通貨統合は一応の完成をみた。また、二〇〇四年五月、EUは中東欧諸国を中心とする一〇カ国に及ぶ新たな加盟国を迎えて二五カ国体制となった。ただ、二〇〇五年五月および六月にフランス・オランダで実施された「欧州憲法（Constitution for Europe）」に関する国民投票では、批准が否決されるなど、このところ欧州は大きく、かつ新たな変革の波に見舞われている。

一方、経済成長率をみると、依然としてユーロ圏平均で一～二％という低い水準にとどまっている。こうした環境下、経済を活性化するためには、労働市場の改革が不可欠であるとの認識が強まってきた。また、通貨統合が機能するためには、余りにも硬直化した労働市場を改革すべきであるとの認識も強い。本稿では、こうしたEU経済の変化を振り返り、労働市場改革の進捗状況について概観し、こうした変化が労使関係にいかなる影響を及ぼしつつあるかについて論じたい。

## 二　低迷が続くＥＵ経済

表１は、欧州委員会が二〇〇五年四月に発表した「春季経済見通し」[1]により、ユーロ圏12カ国、ＥＵ25カ国、さらには米国の経済成長率を比較したものである。この表から、ユーロ圏の経済成長率が低い水準にとどまっている点を読み取ることができよう。このことは、とりわけ米国との対比で明らかである。すなわち、いわゆるＩＣＴバブル崩壊の影響が残っていた二〇〇一年および〇二年、ユーロ圏および米国の経済はいずれも一％台、ないしはそれ以下の低成長に陥った。ただ、二〇〇三年、米国はいち早く三％台の成長率を回復しているのに対して、ユーロ圏では、依然として一％以下の成長にとどまっている。二〇〇四年についても四％台を達成している米国に対して、ユーロ圏はようやく二％前後という状況である。すなわち、ユーロ圏は、景気回復が遅れ、かつ回復のスピードは緩慢なものにとどまっているのである。

また、このような景気情勢を反映し、ＥＵ経済における

**表１　EUの経済成長率**　(%)

| | 2001年 | 2002年 | 2003年 | 2004年 | 2005年 |
|---|---|---|---|---|---|
| ユーロ圏 | 1.7 | 1.1 | 0.9 | 2.3 | 1.9 |
| ドイツ | 0.8 | 0.1 | −0.1 | 1.6 | 0.8 |
| フランス | 2.1 | 1.2 | 0.5 | 2.5 | 2.0 |
| EU25カ国 | 1.8 | 1.1 | 1.0 | 2.4 | 2.0 |
| 米国 | 0.8 | 1.9 | 3.1 | 4.4 | 3.6 |

（出所）European Commission, *European Economy : Economic Forecast Spring 2005 Forecast.*

**表２　EUの失業率**　(%)

| | 2001年 | 2002年 | 2003年 | 2004年 | 2005年 |
|---|---|---|---|---|---|
| ユーロ圏 | 7.8 | 8.2 | 8.7 | 8.8 | 8.8 |
| ドイツ | 7.4 | 8.2 | 9.0 | 9.5 | 9.7 |
| フランス | 8.4 | 8.9 | 9.5 | 9.6 | 9.4 |
| EU25カ国 | 8.4 | 8.7 | 8.9 | 9.0 | 9.0 |
| 米国 | 4.8 | 5.8 | 6.0 | 5.5 | 5.2 |

（出所）表1と同じ。

平均失業率は、ユーロ圏でみても、あるいはEU二五カ国ベースでみても概ね九%前後という高い水準にある（表2参照）。詳しい検証は別の機会に委ねるとしても、国あるいは地域、さらには年齢層・男女層によっては、極めて高い失業率にとどまっていることが推察できる。

## 三　行き詰まるリスボン戦略

このように、一部の諸国を除き、EU経済全体として低迷から脱することができておらず、高い失業率に直面していることから、EUでは「リスボン戦略（Lisbon Strategy）」[2]により、EU経済の「構造改革」を推進しようとしてきた。この点について、若干、現在の状況を概観しておきたい。

二〇〇〇年三月にリスボンで開催された欧州理事会（いわゆる「EUサミット」）では、二〇一〇年を目標としてEUの進むべき社会および経済的方向性が示された。具体的には、「よりよい雇用および、より強い社会的連帯を維持しながらEUを世界で最も競争力がありダイナミックな知識型経済にすること（to become the most competitive and dynamic knowledge-based economy in the world, capable of sustainable economic growth with more and better jobs and greater cohesion）」が目標とされている。すなわち、一九九〇年代後半以降、ICT（Information Communication Technology）に基づいた「ニュー・エコノミー」を実現した米国に対抗し、EU版「ニュー・エコノミー」化を図ることによって、社会的にバランスがとれた持続的成長を達成しようとしたのである。

このような「リスボン戦略」は大きく次の三本柱から構成される。まず第一の柱は知識集約的社会への準備である。すなわち、ICT部門における研究を促進し、かつ情報化社会を実現することである。こうした目的意識に立ち、欧州委員会は、「欧州電子化計画（*e*Europe）」を立案し、現在も推進中である。[3] この計画は、二〇〇二年末をターゲットとした計画（*e*Europe 2002）と、それに続く二〇〇五年末を目指した計画（*e*Europe 2005）に分かれるが、いずれの計画もブロードバンドに基づくインターネットを普及させることにより、既述のような知識型経済を創出しようとすることで共通している。さらに、注目される点は、同計画の副題（A Information Society for All）に示されるように、デジタル・ディバイドがなく、全ての人々がICTの恩恵に浴することができる社会の実現を図ろうとしていることである。

また、第二の柱は「欧州社会モデル（European Social Model）」の構築である。すなわち、社会的に疎外された人々、様々な差別に直面している人々、遠隔地に居住する人々、高齢者など社会のあらゆる層の人々をも包含（inclusive）し、社会的連帯感が感じられる欧州独自の社会を形成しようとするものである。そこには、EUが、効率と公正のバランスがとれた社会を実現しようとする意図を読み取ることができる。

第三の柱は健全な経済政策である。すなわち、ICT部門を中心としてEU産業の国際競争力を強化し、かつ持続的な経済成長を実現することをEUの経済政策の目標にしようとするものである。また、この計画が実現すると、二〇一〇年に至る一〇年間、約3％の経済成長率が持続し、就業率（＝就業者数／労働力人口）は二〇〇〇年の六三・四％から二〇一〇年には七〇％にまで上昇すると見込まれていた。ここで注目される点は、上記した欧州社会モデルであり、その核となっている「欧州雇用戦略（European Employment Strategy）」である。[4]

なお、ここで就業率を目標とした背景には、次のような認識がある。すなわち、失業率の低下を目指すのであれば、例えば、早期定年制を導入することにより、労働者を労働市場から退出させればよいことになる。ただ、この欧州雇用戦略では、労働を単なる所得を得ることを目的と考えているのではない。職場で働くことにより、人と人との繋がりが可能となり、連帯が強化されると認識されているのである。既述したように、「より強い社会的連帯（greater cohesion）」という概念が導入された背景である。労働について、このような認識に立脚すると、より多くの人々が労働に参加できる環境整備を目指すべきということになる。

前述の欧州雇用戦略であるが、一九九七年一一月に開催された雇用問題に関するルクセンブルグ欧州理事会における議論を出発点として、ＥＵは、次のような四本柱からなる戦略を打ち出した。いわゆる「ルクセンブルグ・ストラテジー」である。

まず第一の柱は、「就業能力の改善（Improving Employability）」である。その主たるねらいは、失業者の雇用インセンティブを高めることにある。すなわち、すべての失業者にＩＣＴなど技能教育・職業訓練を受けることを保証することにより、就業への障壁除去を行おうとするものである。欧州では一般的となっている長期失業者は、職場から隔離されているため最新の技能を獲得する機会を喪失、ますます失業が長期化するという悪循環に陥っている。こうした状況に対して、職業訓練機会を一層提供することによって改善しようとするのである。

さらに、「雇用を促進するような（employment-friendly）」な社会保障制度を構築することをも目指している。失業手当を充実すればするほど、失業者の収入が高くなり、結果的には失業者を増やしてしまうという「失業のわな（unemployment trap）」が生じてしまったことへの反省でもある。

第二の柱は、「起業家精神の鼓舞（Developing Entrepreneurship）」であり、いわば労働者に対する需要サイドに注目した措置といえる。すなわち、次々に新規企業が発生することにより、雇用を吸収することを実現しようとするものである。具体的には、起業のための障壁を除去しようとするもので、リスク・キャピタルのための市場整備、許認可など行政に対する経費・負担の軽減、さらには税負担の軽減などが主たる内容である。

なお、ここで起業は幅広くとらえられている。すなわち、単に企業・会社のみならず、そこには共同組合（co-operative）、社団（association）など非政府組織（ＮＧＯ）あるいは中間団体が含まれている。社会の価値観が多様化している現実を踏まえ、企業以外の組織が活動しうる基盤をも整備することを通じて、幅広いセクターで雇用を吸収しようとするのである。また、こうしたセクターで雇用が実現できれば、その職場を通じることにより、社会の連帯が強まることも可能となる。

第三の柱は「適応力の強化（Encouraging Adaptability）」である。すなわち、企業を取り巻く環境が急激に変化している時代にあっては、職場組織の改善がスムーズに行えるように、柔軟な雇用形態の採用を可能にし、そのことを通じて、雇用の安定を確保しようとする。パートタイマーの活用などが一例である。また、そのためには、あらゆる段階でのソーシャル・パートナー（具体的には、労使）が連携できるような制度づくりを支援する必要があるとしている。いわば、労働市場の柔軟化を目指すというよりも、職場の柔軟化を実現しようとするのである。

また、第四の柱は「雇用機会の均等化（Strengthening Equal Opportunity）」を促進しようとするもので、具体的には、性、人種あるいは年齢などによる差別をなくし、その結果、若年層の労働者、女性労働者の雇用を促進することにより、これらの人々の社会参加を促そうとするのである。

ただ、このような欧州雇用戦略、それを拡張したリスボン戦略の進捗状況は芳しくない。既にみたように、何よりも経済成長率が高まっていないからである。また、二〇一〇年までに七〇％まで引き上げることを目指していた就業率も、二〇〇四年時点で六三・三％にとどまっており（二〇〇五年の中間目標値は六七％であった）、このままで達成することは極めて困難となっている。さらに、後述するように、ＥＵ企業が中東欧を中心とする新加盟国に向けて拠点をシフトさせつつあることも、リスボン戦略の遅れに対して、ＥＵ企業が不満を有していることを物語っている。

こうした背景の下、欧州委員会は二〇〇五年二月、「社会アジェンダ（Social Agenda）二〇〇五―二〇一〇」

を発表した。[5]労働市場改革を一層促進することによって、リスボン戦略の実効性を高めようとするものである。すなわち、余りにも多くの目標を追求しようとしたことの反省から、①就業率の引き上げ、②貧困の撲滅と機会均等の促進という二点について優先課題とした。これらの優先課題に取り組むため、EUのみならず地方・地域・国レベルの公共機関と使用者、労働者代表およびNGOのパートナーシップを呼びかけている。

具体的には、雇用に関して、この社会アジェンダは、①労働者が異なる加盟国で働く場合にも、年金と社会保障の受給権を保証し、かつ国境を越えた団体交渉の選択的な枠組みを設定するなどにより、単一の「欧州労働市場（European Labour Market）」を創造すること、②欧州若者イニシアティブおよび女性の労働市場への参加を通じて、より多くの人々により良い仕事を提供すること、③短期契約、新しい医療・社会保障戦略など、新しい労働組織に適応できるように労働法の改正を行うこと、④労使対話を通じリストラクチャリングを管理することなどの分野に焦点を当てている。

欧州委員会によれば、このような新たな計画が達成できるとすると、二〇一〇年までに経済成長率は三％となり、六〇〇万人の雇用が創出できるとしている。なお、既述した*e*Europe計画であるが、二〇〇五年六月、「*i*2010計画」と名称を変え、その副題「成長と雇用のための欧州情報社会（A European Information Society for growth and employment）」が示すように、①ICT部門における研究開発を促進し、②EU経済のICT化を通じて景気浮揚を図り、雇用増を実現し、さらに③すべての人々に対して、より高い水準の行政サービスを提供することなどによって、④QOL（Quality of Life）の向上を実現することに目的を絞ったものとなり、現在に至っている。

また、二〇〇五年四月、欧州の成長と雇用を促進するための新三カ年計画（二〇〇五～二〇〇八年）となる「統合ガイドライン（Integrated Guidelines for growth and jobs）」を発表した。[6]この統合ガイドラインは、芳しくない欧州経済パフォーマンスと雇用増の状況を是正するため、マクロ経済、ミクロ経済、雇用の三分野に関して包括的な戦略を実施しようとするものである。その際、ガイドライン数を削減し、成長と雇用増をもたらすための政策をより簡素化されたものとなっている。なお、このガイドラインに基づき、加盟国は二〇〇五年秋までに「国別改革計画」を策定する予定である。

## 四　中東欧シフトを進めるＥＵ企業

このような環境の下、ＥＵ企業はいかなる戦略を実施しつつあるのであろうか。上記したリスボン戦略のうち、例えば、「適応力」の強化が実現すればパートタイマーを活用できるため、賃金総額の抑制は可能となるはずであった。ただ、現実には、労働コストの引き下げは十分ではない。表3は、経済全体について賃金上昇率と労働生産性上昇率とを対比することによって計算されるユニット・レーバー・コストの上昇率を米欧で比較したものである。この表によれば、一九九〇年代前半に続き、二〇〇〇年代に入ると再びＥＵの上昇率は概ね米国を上回っている。とりわけ重要な点は、既述のように二〇〇〇年代、ＥＵ経済の回復は緩慢なものにとどまっているが、そうした景気情勢の下でもユニット・レーバー・コストは上昇を続けているのである。

こうした結果、ＥＵ企業は高賃金を回避するためもあって、ＥＵの新加盟国に向けて生産拠点のシフトを行っている。因みに、ドイツのコンサルタント会社であるRoland Berger社

**表３　ユニット・レーバー・コスト上昇率の推移**

(%)

| | 1991-95 | 1996-00 | 2000 | 2001 | 2002 | 2003 | 2004 |
|---|---|---|---|---|---|---|---|
| EU15 | 3.0 | 1.4 | 1.8 | 2.9 | 2.4 | 2.3 | 1.0 |
| US | 2.1 | 2.1 | 3.9 | 1.5 | 0.4 | 0.9 | 0.8 |

（出所）European Commission, *European Economy*.

**図１　ドイツ企業の中東欧シフト**

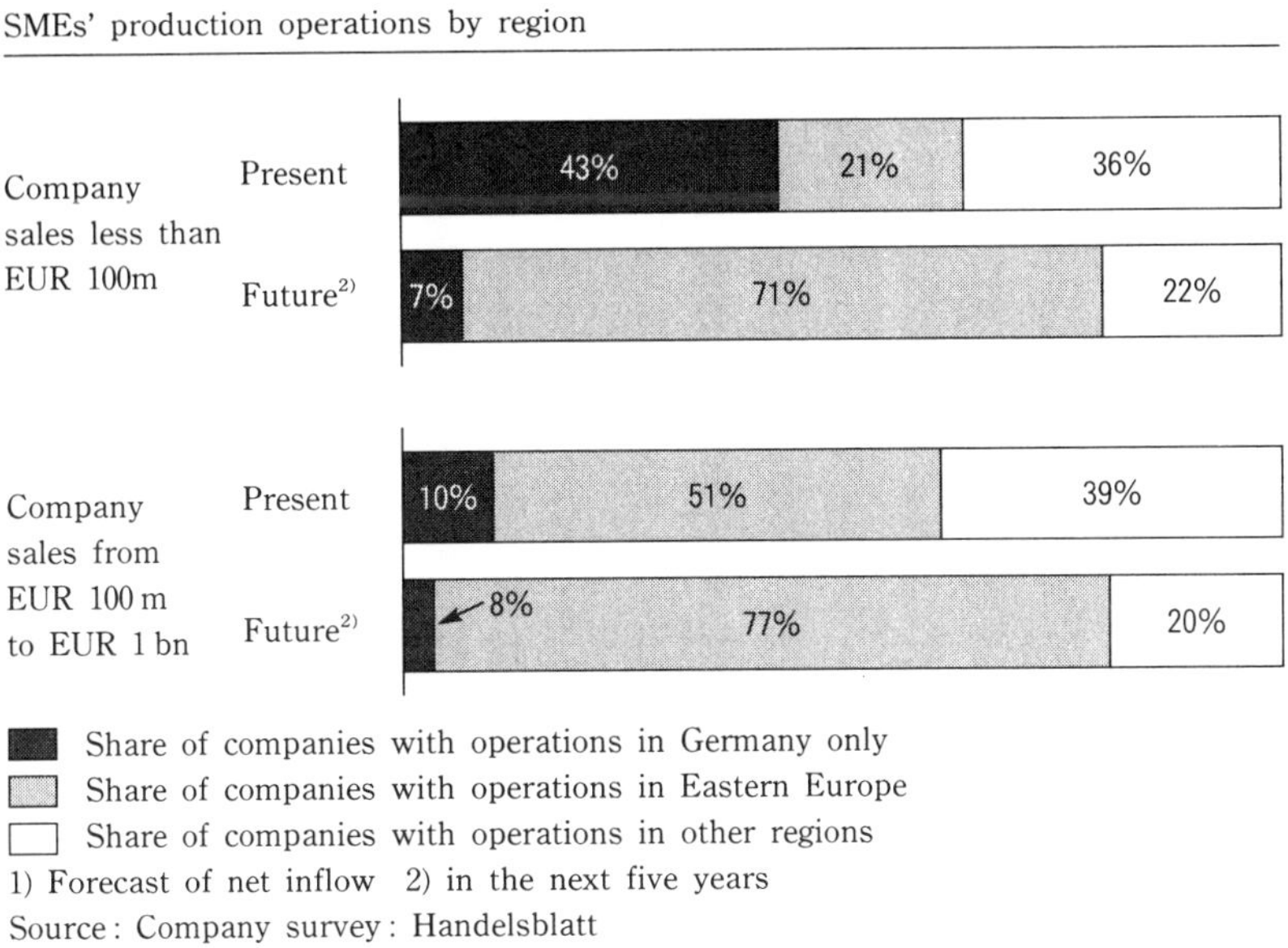

1) Forecast of net inflow　2) in the next five years
Source: Company survey: Handelsblatt

（出所）　ローランド・ベルガー社資料

がドイツ企業を対象に実施したアンケート結果によれば、[7] 大企業（売上高一億ユーロ以上）のなかで東欧に進出済みの企業は、現在五一％であるが、今後五年間で七七％へと上昇すると見込まれている。一方、中小企業の中東欧進出状況は、現在の段階では二一％にとどまっているが、今後五年間で七一％へと上昇、大企業と同水準に達するとされている。すなわち、今後、ドイツ企業の中東欧シフトは規模の大小にかかわらず相当な規模で進行するとみられているのである（図１参照）。

なお、他のＥＵ諸国企業も同様に中東欧への生産拠点シフトという戦略を採用しつつあり、ＥＵ版の「空洞化」が進行しつつあることも、既述したＥＵ経済の成長率低下をもたらすという一種の悪循環に陥っているといえる。

## 五　変化するＥＵ労使関係

このようなＥＵ版の「空洞化」は、労使関係にも影響を及ぼしつつある。欧州委員会の報告書「二〇〇四年版欧州における労使関係（Industrial Relations in Europe）」によれば、(8) 近年、労使関係において、次のような変化が生じているとされる。まず第一は、労働者の関心事が「短期の利益（short term financial gains）」よりも「雇用確保（job security）」に移りつつあるという点である。第二は、新たな雇用形態、例えば、パートタイマー、あるいは非定型雇用者に対する労働条件の保証といった点に争点が移っていることである。第三点は、団体交渉の分権化、すなわち、産業あるいは中央レベルよりも企業レベルで労使交渉が行われるという傾向が強まっていることである。さらに第四点として、労働組合組織率の低下であり、ＥＵ平均でみて、一九九五年の三二・六％から二〇〇一年には二六・四％となったことである。

こうした点から、既述したような欧州雇用戦略の実施、さらには「空洞化」による圧力などから、どちらかというと労働者に有利であった欧州における労使関係も、未だ十分ではないものの、次第に変化しつつあるといえるであろう。

また、各国別にみても様々な動きが加速している。(9) 例えば、ドイツにおいては、政府による一連のハルツ法によって労働市場改革が進められている。その内容は次のように要約できる。まず、「ハルツ第Ⅰ法」であるが、具体的には、ドイツ全国に人材サービスエージェントを導入することが目的である。すなわち、ドイツ全国に設置されている労働局が、その地域に存在する人材派遣会社と契約を結んで人材サービスエージェントを設けるのである。これら人材サービスエージェントの業務は失業者に対して職場を与えることであるが、失業者に対しては職業訓練、あるいは能力向上訓練などを行うことになっている。

次に「ハルツ第Ⅱ法」であるが、その目的は、「Ich-AG」と称される個人企業に対して起業補助金を給付することになる。勿論、給付を受けるには、厳密な事業計画を作成せねばならないことになっている。また、「ハルツ第Ⅲ法」は、それまでの「労働局」を「ジョブセンター」を改称し、より労働者側に立ったサービスの提供を促進することを目的としている。具体的には、インターネットなどを用いた雇用に関する相談、職業紹介・斡旋などを行なおうとするものである。

また、二〇〇五年初から施行されている「ハルツ第Ⅳ法」は、失業扶助と社会扶助を統合することをその内容としている。失業扶助と社会扶助の違いは、失業扶助は失業する前の所得に応じた扶助金が支払われ、社会扶助の場合には、その人が生きていくために最低限何が必要かを基に算定した額になる。この二つを統合することは、簡単に言えば、多少の経過期間、時間的な余裕を経て、失業扶助制度を廃止することを意味する。

このような一連のハルツ法による改革以外にも、ジーメンス、ダイムラー・クライスラーといった大手企業においても、賃金上昇率の抑制と労働時間延長が合意されている。また、ドイツ以外の諸国についても、例えば、フランスにおいて週三五時間労働制の見直しに関する議論が本格化している。

これらを全体としてみると、「欧州社会モデル」の明確化が十分には進まないという環境の下、「中東欧シフト」というカードを手にした企業が主導権をとりつつ、新たな労使関係を模索するようになっているといえるであろう。一方、労働者側も巻き返しを図ろうとして、様々な動きを強めている。上述の週三五時間制を巡って、二〇〇五年二月、フランス全土で計三〇万人のデモが行われたことなどである。

果たして、ルーマニア・ブルガリア・クロアチアなど一層の拡大が見込まれるという状況で、EUは新たな安定的労使関係を構築することができるのであろうか。ＩＣＴを活用したＥＵ版「ニュー・エコノミー」化が実現するのであろうか。それは、米国の「ニュー・エコノミー」とどのような点で相違するのであろうか。果たして、九%前後に達する失業率を引き下げることにＥＵは成功するのであろうか。

ＥＵ経済およびＥＵの労使は、現在、このような厳しい問題に直面しているのである。逆にいえば、新時代におけるＥＵ労使関係が構築できないうちは、ＥＵ経済の活性化が実現することは容易でないであろう。

**注**

（1）European Commission, *European Economy : Economic Forecast Spring 2005 Forecast*, 2005.
（2）http : //www.europa.eu.int / comm / lisbon_strategy/pdf/2004-1866-EN-complet.pdf
（3）一連の「欧州電子化行動計画」については、
http : //europa.eu.int / information_society / doc / factsheets / 012-eaccessibility.pdf が詳しい。
（4）拙著『欧州統合論』勁草書房、二〇〇三年、一五七―一五九頁、および濱口桂一郎「労働市場の改革」、田中・久保編著『ヨーロッパ経済論』、ミネルヴァ書房、二〇〇四年。
（5）http://www.europa.eu.int/comm/employment_social/social_policy_agenda/social_pol_ag_en.html
（6）http://www.europa.eu.int/comm/employment_social/employment_strategy/prop_2005/prop_2005_en.pdf
（7）http://www.berger.de/press/en/media/releases/RB_Global_Footprint_20040819_E.pdf
（8）http://europa.eu.int/comm/employment_social/news/2005/jan/industrial_relations_2004_report_en.html
（9）独立行政法人労働政策研究・研修機構主催「国際フォーラム（二〇〇五年二月一四日開催）」におけるウルリッヒ・ローマン、ベルリン・アリス・ザロモン大学教授の「ドイツ労働市場改革の現状」と題する講演を参照。

# 六　アジア―中国企業モデルと経営理論

金　山　権

## 一　はじめに

時代の変化、企業行動のグローバル化にともない、二十一世紀に入って各国の企業もその時代の流れに従い大きく変わりつつある。自国における企業モデルの規範化、企業を規制する制度などが収斂し統一化に向かっている。しかも統一化に向かいながら差別化、特殊化がまた各地域によって主張されている。

急速な変貌を遂げている国際環境の中、中国企業の経営は大きな発展を持続しており国際的な関心が益々高くなっている。本論では、アジアのなかでの一員である中国企業の上述の転換点に立って変革しつつある企業モデルの特殊性、共通性を明らかにし中国における経営理論を取り上げ探求してみることにする。

## 二　中国企業モデルの特徴

### 1　一般企業のモデル

中国の株式会社の経営機構は中国の会社法（公司法）（一九九三年一二月二九日公表、九四年七月一日施行）に基づき、意思決定機能、業務執行機能、業務執行に対する監督機能の三つの基本機能から構成されている。通常の株式会社（監査役設置会社）は、意思決定機能・業務執行機能を取締役会に、監督機能を監査役会に担当させている。

図1で示されたのが中国における一般株式会社のモデルである。

**図1　中国株式会社の経営機関**

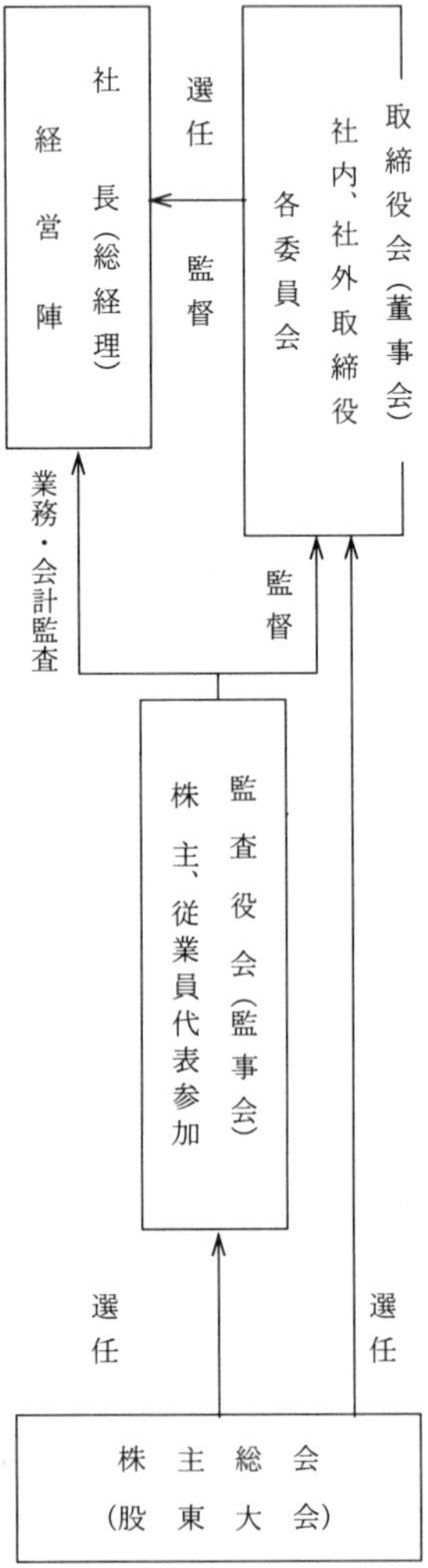


（出所）金山　権『現代中国企業の経営管理』同友館、二〇〇〇年、一〇二頁。

**図2　米国、日本、ドイツにおける株式会社の経営機関**

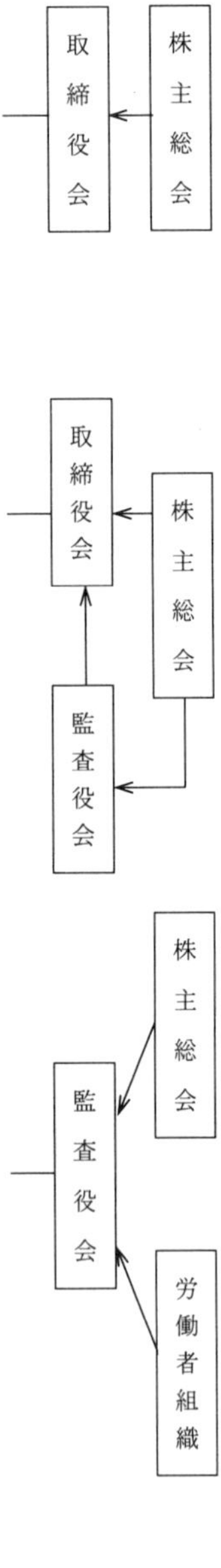

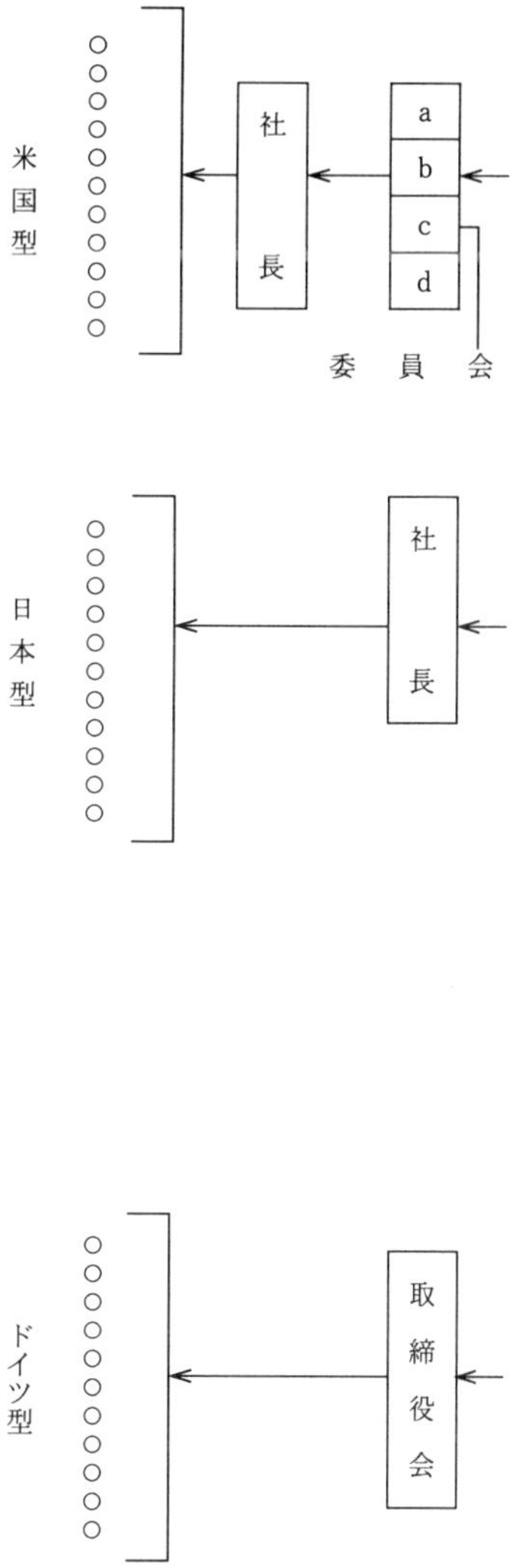


（出所）金山　権『現代中国企業の経営管理』同友館、二〇〇〇年、一〇二頁。

## 2　上場企業のモデル

一九九九年海外で上場した中国企業がまず欧米近代企業制度を参考に企業型統治システムを構築してきた。そして、二〇〇二年一月に中国証券監督管理委員会と国家経済貿易委員会の連名で、『上場企業の企業統治準則』を公表し実行された。企業統治、とくに上場企業の企業統治システムには、会社法（公司法）のみならず、上場会社の規制に関して一連の規則、関連法、原則、ガイドライン、指導意見などが公表され、執行、監督、指導が実施されている。また、社外取締役制度には、いち早く独立取締役（independent director）制度を導入し、中国の国情に沿って委員会も各企業の状況に基づいて設置するが、図3で示した通りである。取締役会の中での委員会の設置をはかり、執行役制度は設けず、監査役会は存続させている。

**図3　中国上場会社の経営機関**

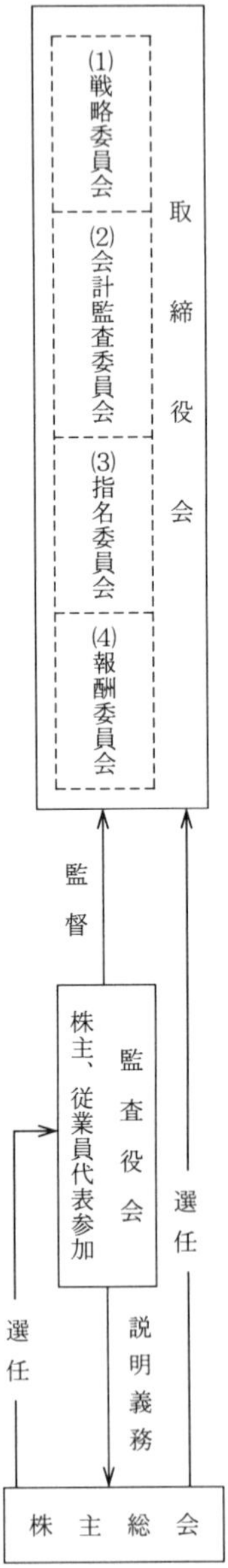


（出所）中国証券監督管理委員会、国家経済貿易委員会『上場企業の企業統治準則（上市公司治理準規）』二〇〇二年一月七日、両岸三地証券市場高級フォーラム、二〇〇一年五月一九日、中国現地での調査などによる。

図4は、上場会社の一事例としての上海宝山鉄鋼株式有限公司の統治構造である。取締役会のなかに三つの委員会が設けられているが、戦略と会計監査委員会の設置が注目すべきである。

**図4　上海宝山鉄鋼株式有限公司の経営機関**

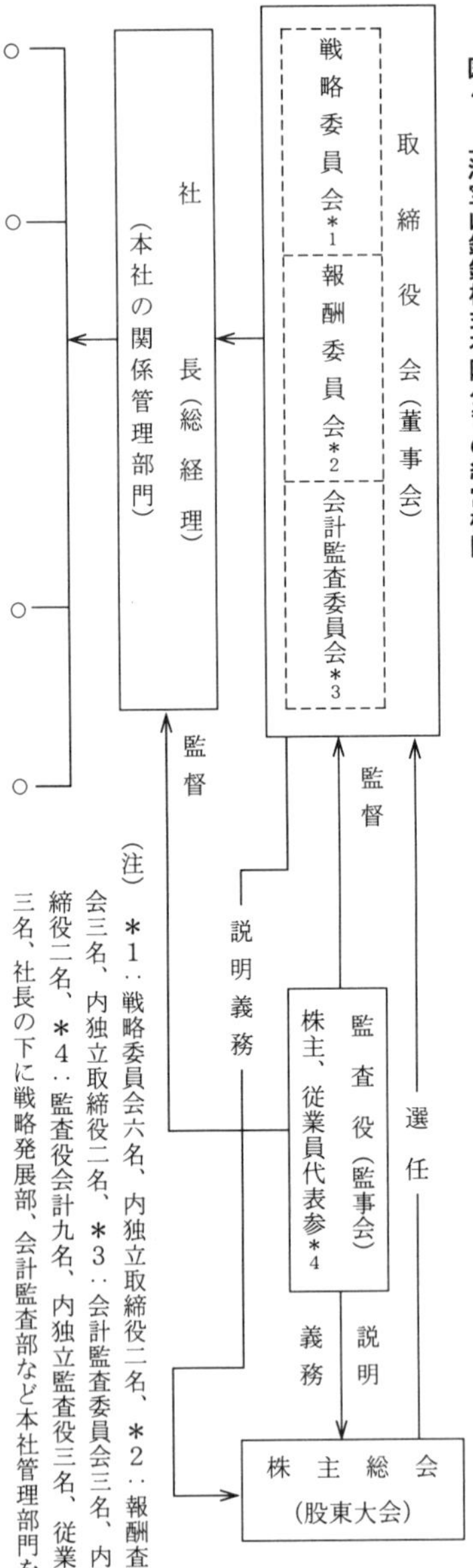


（注）＊1：戦略委員会六名、内独立取締役二名、＊2：報酬査定委員会三名、内独立取締役二名、＊3：会計監査委員会三名、内独立取締役二名、＊4：監査役会計九名、内独立監査役三名、従業員代表三名、社長の下に戦略発展部、会計監査部など本社管理部門を置く。

（出所）上海宝山鉄鋼集団戦略発展部、董事会秘書室での聞き取り調査により作成、二〇〇四年一二月二八日。

### 3　中国企業モデルの特徴

上述の企業モデルの状況から、以下の諸点が上げられる。

①三位一体型統治構造―一般株式会社

中国は八〇年代初頭に株式制への試験的導入を行い、そして一九九七年正式に株式制度の導入まで十数年の間に様々な外国のモデルを参考、分析、学習した上で国内事情にあわせて作り出したのがこのモデルである。

この特徴は、図2との比較からも分かるように、取締役会と監査役会制度については、二院制をとっている日本型、つまり日本の取締役会、監査役会と類似し、業務執行体制に関しての取締役会と経営陣との関係は、アングロ・サクソン型のアメリカの役員制度に類似し、また監査役における従業員代表の参加は、二元制をとっているドイツの共同決定システムに類似している。論理的には、このシステムは優れているように思われる。しかし、実質的には意思決定権、業務執行機能を取締役会に、監督機能を監査役会に担当させる日本型の二院制システムの構造を有している。(1)

②計画経済の性格が維持されている混合モデル

一九七八年からの中国企業の改革開放は総じて漸進的な改革政策をとってきた。計画経済企業体制から社会主義市場経済への転換を図りながら一九九〇年代初頭から本格的な市場経済体制に移った。しかし、社会主義市場経済とは全く民間に任せることではなく共産党と政府がしっかり握ってよく見極めながら最終の立法を経て全国での実施に踏み切る。つまり、市場経済を標榜しながら〝国が市場を調節し、市場が企業を誘導する〟という所謂社会主義市場経済体制で政府のコントロールとかみ合わせて行動する特徴がある。

企業の制度への制定でもこういう特徴が伺えるが、日本の場合にはすぐ法律を作って実行に入る。つまり毎年の商法改正がそうである。しかし、中国は法律の制定が先ではなく、指導意見、方案、ガイドラインなどに沿って実験的に試行を先にし社会主義体系の下で実践を経て最終的に立法化し実行に移す。例えば、近年打ち出されて試行している規則、規定、指導意見などをみると、主に以下のものが上げられる。

『上海証券取引所株式上場規則』（一九九七年制定、二〇〇四年四月改訂）、『深セン証券取引所株式上場規則』（一九九七年制定、二〇〇四年四月改訂）、『海外上場会社におけるディスクロージャー制度を更に進めていくことに関する意見』（中国証券監督管理委員会、一九九九年三月）、『上場会社における独立取締役制度の確立に関する指導意見』（中国証券監督管理委員会、二〇〇一年八月）、『上場会社のコーポレートガバナンスの原則』、（中国証券監督管理委員会、国家経済貿易委員会、二〇〇二年一月）、『企業国有資産監督管理暫定条例』（二〇〇三年五月国務院三七八号令）などである。

二〇〇四年だけでも、『上海証券取引所株式上場規則』（改訂）、『深セン証券取引所株式上場規則』（改訂）、『社会公衆株主権益保護に関する若干規定』、『証券会社債務管理暫定規定』、『証券会社高級経営者管理方法』、『資本市場改革開放の推進と安定発展に関する若干意見』などの規則、規定などが打ち出されて試行している。

③集中型所有構造

国有企業の制度が転換された株式企業の所有構造は国家株、法人株（法人株はまた国有法人と一般法人に分けている）、自然人株、従業員個人株などに分けられている。企業が上場したら、また流通株も設けているが、国家株と法人株の流通はできない。まさに中国独特の特徴である。これは私有化の発展を一定の程度に抑制し、国有資産の〃流失〃を防ぐのが主な狙いであると考えられ言わば集中型所有である。

しかし、実際中国における上場会社の殆どは国有企業の制度転換によるものであり、流通できない国有株、国有法人株は大半を占めているため、大株主または親会社は取締役会、社長の任免をコントロールしており、取締役会と社長を含む経営陣が互いに兼任したり、親会社、子会社、孫会社などの多階層構造になっている。従って、こういう内部者支配のなかで、中・小株主による経営陣への監督機能が発揮できず、なお経営者およびその代表である大株主は上場会社を利用し、支配しているのも事実である。

中国の株式会社とくに上場会社の所有構造は外国ではあまり例がない集中型所有である。つまり国有株の〝一株独大〟の集中所有の構造は明らかである。集中型にはメリットはあるもののデメリットも少なくない。しかし、委員会設置の導入の形で国際化を推進し、アングロサクソンに近づいている特殊性も見られつつある。

④委員会設置と独立取締役制度

中国の会社制度、とくに企業制度には西欧に近い委員会制度が設置されているという共通性がある。しかし、委員会の中で、必ず戦略委員会、会計監査委員会を設けることが特徴である。中国の会社法では独立取締役制度への規定はないが、海外で上場した企業から率先してその独立取締役制度の実施が求められてきた。最初、一九九九年中国証券監督管理委員会などが連名で公表した『海外上場会社における規範化運営と改革の促進に関する意見』では、海外で上場を果たした会社が取締役改選を行う際、外部取締役の人数が全体の½以上、なお独立取締役メンバーが二名以上であることを定めている。

中国で実施している独立取締役制度は、普通の、①業務執行取締役ではない、②現在も過去もその会社の取締役や従業員ではない、という条件だけを定めているのではなく、当該企業からの真の独立性が問われている。社外の人間であっても、当該企業の主要取引先であるなど独立性に問題がある場合は独立取締役として認められない。この点で主要取引先や親会社、メーンバンクのトップが珍しくない日本の社外取締役より厳しいといえる。

二〇〇一年八月二二日に公布された『上場会社における独立取締役制度の確立に関する指導意見』をみると、独立取締役は取締役会の⅓を占めることを規定している。独立取締役としては、当該上場会社の取締役以外の職務は兼任しない、企業と大株主の間に独立かつ客観的な判断を下すのに影響を与えるような関係を有してはできないと規定している。独立取締役の形式的要件に関して六つに規定しているが、つまり、①企業の経営管理経験または五年以上の法律業務の経験を有すること、②証券監督管理委員会の承認を受け研修に参加すること、③企業または関連会社に直系親族又は血縁関係が無いこと、④発行済み株式の一％以上のもの又は上位一〇位大株主の中で個人株主との間に直接又は間接的に直系親族関係を持っていないこと、⑤発行済み株式の五％以上の法人又は上位五位以内の法人大株主中で従業員又はその直系親族でないこと、⑥会社と関連会社に法律、コンサルティング、財務会計など関連の業務サービスを提供しないこと、である。また、独立取締役の権限を以下の五つに定めている。①大型取引に関する事前承認、②公認会計士任免に関する提案、③臨時株主総会招集を求める、④取締役会の招集を求める、⑤外部諮問機関の招聘、⑥株主総会開催前株主議決権行使の委任状を公に募集することができる、などである。

独立取締役制度の対象は最初主に海外上場会社に限られており、国内上場会社は含まれていなかった。しかし現在は上場会社全体が対象となっており中国における独立取締役制度の普及に大きく働いている。独立取締役制度は内部者支配を防ぐための良薬であると評価されている。

## 三　中国企業の経営理論

### 1　計画経済から社会主義市場経済転換期までの経営理論

改革開放前、中国は旧ソ連の経験と理論を元に一連の高度に集中された計画経済管理体系を築き上げた。企業には自主経営が乏しく、経済責任も問わず、管理はいわゆる閉鎖された生産型管理であった。一九六〇年の『鞍鋼憲法』[2]では〝両参一改三結合[3]〟の管理方法を打ち出し、一九六一年の『工業七〇条』[4]は新中国における最初の工業企業管理試行条例となった。文化大革命の一〇年間の動乱のなか、企業経営は深刻な破壊を受けた。一九七八年改革開放実施後、企業経営は新しい時期を向かえることになった。二十世紀八〇年代、〃放権譲利[5]〃を主要な内容とする一連の改革が試行され、それに伴う経営理論も形成しつつあり、企業経営を経済効果の軌道に乗せた。工場長（経理）責任制の実行は中国企業における経営者制度の重要な変革ともいえよう。請負責任制、資産経営責任制などの実施は企業メカニズムの転換を大いに推進し企業家の形成を促した。この時期に打ち出された〃企業本位論〃、〃従業員主体論〃、〃経済民主化論〃、〃両制四全[6]〃などの経営体系は中国企業経営理論の代表的な理論となった。

二十世紀の八〇年代以来、中国は西側の先進的な企業経営理論と経営方式を積極的に導入し自国の企業経営レベルの向上に力を入れてきた。以来一定の成果を収め、市場化、グローバル化、情報化が絶えず浸透する情勢のなかで企業は自ら外国の優れた新しい経営理論の導入と学習に力を入れ、これを国有企業制度、組織の再編の実践に結びつけていた。近代的企業制度の実現のなか、企業統治構造の構築、親子会社体系、本業と副業の分離、従業員福祉の安定など一連の特殊でなお具体性が強い問題に直面している。こういう中で、一定の効果がある経営観念、経営方法が生まれた。例えば、首都鉄鋼の〃投入産出請負[7]〃、ハイアルの〃日清日高管理法[8]〃、邯鄲鉄鋼の〃シミュレーション・マーケット採算とコスト否決法[9]〃などが挙げられる。が、全体から見るとまだ海外の先進的経営理論と管理方法の導入、学習段階であり、自国の企業経営理論、管理方法は十分に確立されてない。

## 2　経営理論の構築に寄与している儒教的要素

アジア地域においては中国、日本、韓国など儒教が影響を及ぼしている諸国の場合、経営理念および経営慣行に共通の要素がみいだされる。中国の企業においては、日本の代表的企業家の経営理念を導入している場合も多く、たとえば松下幸之助（松下電器産業創立者）、ならびに稲盛和夫（京セラ創立者）の経営理念が中国の企業経営に浸透され経営活動に与えられた影響が大きい。[10] 中国のハイアル、春蘭、小天鵝など有名な企業の経営者もこの経営哲学を学び、経営理念を革新するための手本とした。

企業は全社会に対してサービスを提供する組織であり、企業は発展、拡大しなければならない。製品の品質、ランクを高め、消費者のニーズを満たすことが前提であり、そのために企業の従業員は技術、経営能力が高いだけでなく、製品の使用者に良質のサービスを提供できる素質と精神が必要であることを経営理念とし、企業経営の面でビジネスより従業員の人格育成を重視し、人格の育成のため企業は以下の諸点がとくに強調されている点は注目される。[11]

①従業員一人ひとりのイメージは会社全体のイメージに影響する。②すべての従業員の仕事は消費者と関係している。③消費者はわれわれの「衣食父母」（衣食を提供してくれる恩人）だけでなく、われわれの親友でもある。④従業員はそれぞれ製品の設計、生産、販売に当たって創造力を発揮しなければならない。⑤すべての従業員は、厳、謹、公、廉、勤、倹、誠、信を心がけなければならない。「品格が高いことを徳とよび、科学技術を身につけることは才とよぶ。会社は企業の経営管理に当たっては徳・才兼備を従業員に要求しているが、徳・才が両立できないときは徳が才より優先する」ことを明確に示している。[12]

儒教的慣行のひとつに「関係」（中国語― guanxi）を重視する考え方および行動がしばしば指摘されている。人と人との関係、企業と人との関係、企業と企業との関係など、社会生活における「関係」の重視の慣行は礼、仁、信、和、孝、といった儒教的信条に明示されている「関係」を重視することが、企業の役員人事、採用人事、昇進、取引先選定など企業の経営管理面における縁故者の優先の形をとる場合は、最近、国際的にも問題とされている「クローニズム、縁故主義（cronyism）」として批判の対象になることはいうまでもない。「関係」重視の傾向は血縁関係のみならず先輩、後輩、恩義をうけた者などの関係者との取引または人事への影響もクローニズム批判ではとりあげられているが、これらの問題を短期的に、完全に除去することは容易ではないが、企業行動基準の制度化の中に織り込みトップの決断と勇気によって推進することが必要であろう。(13)

3　中国方式の経営理論

中国の企業経営理論は自国の企業経営における歴史と現実を元に築き上げたものである。中国における企業経営発展の現状を踏まえて見れば、真の中国流の企業経営の一般理論までは形成されていない。主として、中国自身の特徴のポイントをまだ鮮明にされていないからであろう。異なっている金融体系、政企関係、産業組織、労働力状況と労働管理制度、生産過程中心の経営などによって企業経営は中国独自の特徴を持っている。しかし、現在の中国ではいわゆる中国独特の一般経営理論を重んじるばかりで、近年経営学分野における研究の細分化と専門化によりこの傾向はさらに際立っている。長年にわたり、西側の経営理論への文献研究が中国企業経営理論の研究に重要な一部分となり、中国の理論研究に一つの潮流となっている。しかし、海外企業経営における環境の差異などはあまり重視していなかった。異なる環境の下での企業経営理論研究の結果は当然違うはずである。従って、西側の研究の成果と経験を参考にすると同時に各企業が置かれている環境をもとに事実に即して研究し問題解決を図るべきであるとの主張が中国に現れている。

とくに注目されているのは、日本は戦後西側の技術をそのまま真似し活用したけれども、経営面ではあくまでも日本の国情、民情に合わせて独自の経営理論を築き上げ、やがて日本企業の経営理論と日本的経営の研究が世界に広がり、国際的に〝日本経営の嵐〟を起こすところまでに至った。今まさにこの日本の経験を手本に中国のことを考えるべきではないかという議論が盛んに行われている。(14) 中国にとって一番大きな啓発とは、日本のように如何に西側の企業経営の普遍性と特殊性を識別し発掘しながら自国のために吸収、消化し活用するかにある。中国企業における経営実践と理論研究の中で真に中国の国情に合う経営理論を築き上げることこそ中国が直面している挑戦であると学者らは指摘している。

## 四　おわりに

本論では、経済の国際化、規制緩和などによる自由化、世界経済の一体化を図ろうとするグローバル的な情勢の下で、それぞれ置かれている多元的な社会のなかで如何なる問題があってなおその問題解決のためにどのようにすすめればよいのかの前提の下で中国企業モデルと企業経営理論を取り上げながら探ったが、以下の五点にまとめられる。

①日本型に近い統治構造。中国企業における経営理念、経営方針、一般のビジネス行動などは日本モデルと近い。一般株式会社のモデルをみると、アングロサクソン型の委員会制度、ドイツ型の従業員参加の共同決定システムなどを自国の国情に合わせて導入しているが、本質的には日本型の構造を有している。②統一化を前提とした差別化。委員会設置、国際投資、会社制度などは投資家に向かっているし、マーケティング、財務、株式市場での資金調達などの企業行動では西欧モデルに近いけれど、戦略委員会が委員会のなかで主要な位置づけがなされているなど中国の特色を持つ所有構造では国家支配が依然として保持されている。③混合モデル。社会主義市場経済のスローガンの下にまだ計画経済の性格が保持され、試行、規則、規定、指導意見などを策定しながら問題がない場合法律を作って法規制を行う。全てを直ちに法規制で取り組むことはやらない。なお、市場経済、資本市場、証券市場は市場経済に依存して国際的な投資に適応できるようになっているが、集中的所有のため流通できる流通株はすくない。④経営者の理念。企業経営者の指導観念、儒教的な価値基準に基づく経営理念がかなり大きな企業に見られる。人と人、企業と人、企業と企業の関係を重視し、組織を運営するには儒教的な倫理は

重要な価値観であるが、極端に進めた場合クローニズムの危険性もある。(15) しかしうまくコントロールすれば組織運営には非常に重要なモラルである。⑤特殊性、普遍性を識別し経営理論を構築。いわゆる五千年の歴史を持っている中国では、〝重道〟、〝明徳〟、〝修権〟、〝知止〟、〝行法〟、〝謀略〟など中国古代経営思想が中国企業経営の実践に反映されている。企業経営の実践の中でたくさんの経営思想、方法、手段が創造され、外国にない中国の独特なものもある。経済体制転換期にある中国で生じている様々な現象は他国にはないことで、西側の経営理論を機械的に当てはめるのではなく、中国の国情に合わせて実践すべきだとする動きが注目される。

二七年の改革開放を経て、中国経済は世界で注目を集めるほどの発展を遂げている。中国は計画経済体制から社会主義市場経済体制へと転換している最中である。従って、中国企業モデル、経営理論研究は中国の国情に合わせて外国の経験を参考に実践と理論研究の両面において大いに推進して行くことが期待される。

**注**

（1）拙著『現代中国企業の経営管理』同友館、二〇〇〇年、一〇一―一〇二頁。

（2）鞍山製鉄所が実施した一連の革新的管理方式に対する呼称。大躍進以降に東北地区の鞍山製鉄所などで展開された技術革新運動で得られた新たな経験を中国共産党鞍山市委員会が総括し、党中央に報告したもの。一九六〇年三月共産党中央（毛沢東）はこれに対する論評の中でこの経験を社会主義企業管理の原則として高く評価し、ソ連の〝マグニトゴルスク鉄鋼コンピナート憲法〟（馬鋼憲法）に対比して〝鞍鋼憲法〟と称した。その管理原則は、①政治統帥の堅持と不断の思想革命の推進、②大衆的生産運動の展開、③両参一改三結合の実行、④技術革命の推進、⑤党委員会指導下の工場長責任制、などに要約される。以来、鞍鋼憲法は　大衆参加型の管理方法と現代的大生産との結合を体現し、企業管理水準の向上に一定の積極的役割を果たしたと評価されていた。

（3）〝両参〟とは、幹部が集団生産労働に参加し、逆に労働者が企業管理に参加することを指し、〝一改〟とは、不合理な規則制度を改革することをいい、〝三結合〟とは指導幹部、技術者（管理者）と労働大衆がともに結合し、共同して、企業の生産上生じた技術的、経済的問題を解決することを意味する。

（4）一九六一年に制定された、工業企業の整頓、管理改善のための条例草案。通称、工業七〇条。五〇年代末の大躍進以来、採算性の軽視、責任制度の緩み、分配の悪平等、工場長などの経営管理権の党委員会による代行などにより工業管理が混乱、経済効果が低下した。それを克服するために中国共産党中央が六一年八月の党中央工作会議で採択し、同九月に発布したもの。その主な内容は、①計画管理を強化し、企業が計画の実現を保障する、②経営管理面の工場長責任制を始めとする各種責任制を整備し、統一的な生産指揮系統と各職責を明確化する、③企業の経済計算と財務管理を強化し企業の経済効果を高める、④労働に応じた賃金、奨励制度を整備し、従業員の福利厚生活動に配慮すると同じに労働管理規律を強化する、⑤企業の職員、労働者代表大会制を整備し、労働者大衆が参加し管理行政を監督する、⑥技術者・管理者の地位と役割を評価する、などである。この草案は六〇年代前半の工業の回復発展に積極的な役割を果たしたとされる。

(5)　企業への自主権賦与と利益の委譲を指す。

(6)　元中国社会科学院経済研究所所長（故人）、中国の著名な経済学者である。彼の『企業本位論』、『経済体制改革における一つ根本的な問題』などの著書で書かれた企業管理理論は中国理論界で草分けの存在であった。蒋一葦は、経営体制改革の中心は、国家が経済組織の基本単位として内部的な統一管理・統一採算をとる「国家本位」的制度を改めることにあるとした。ただし、それは地方政府を経済組織の基本単位とした統一管理・統一採算の「地方本位」的制度に転換するのではなく、企業を基本的な経済単位とし、国家の統一的指導と監督のもとで、独立経営・独立採算をとる「企業本位」的管理体制を実行することであるという主張であった。彼が打ち出したもう一つの理論は、〝両制四全〟という企業経営理論である。〝両制〟とは、民主集中的指導制度と経営財責任制であり、〝四全〟とは、全面的に計画管理、技術と品質管理、経済採算、人事労務管理を行うということである。

(7)　これは首都鉄鋼公司が独自で推進してきた一つの企業の業種全体として没入と産出を請負う責任制方式である。主に、①主要製品生産量、②品質、③国家財政への納付金（税と分配利潤）、④研究・技術・新製品開発資金増加額など四指標の達成を総公司より国に対して請負う形となっている。詳しくは拙著『現代中国企業の経営管理』同友館、二〇〇〇年、二四頁を参照されたい。

(8)　これは、ハイアル独自の、その日のことはその日にやり遂げ一日毎に上達せよという経営方式である。

(9)　これは、大手の邯鄲鉄鋼公司が推進的多生産現場管理、コスト管理と経済責任制を一体化し、コスト自体の採算、コスト種類の採算、コスト請負者の採算を総合して運営する一つの経営方式である。こういう方式の実行によってコスト採算をメインとする企業内部管理が強化され良い経営効果が収められたという。

(10)　菊池敏夫「アジアにおける企業行動と経営倫理」『東アジア文化総合研究プロジェクト報告書』（東アジア文化総合研究第三集）日本大学総合科学研究所、二〇〇四年四月、一七七頁。

(11)　菊池、前掲論文。

(12)　劉国儒「21世紀における中国管理を考える」『第16回日中企業管理シンポジウム報告論文集』二〇〇〇年九月、二八―二九頁。

(13)　菊池、前掲論文、一七八頁。

(14)　杜萱芬「経営理論的発展和我国企業経営研究的任務」『経済管理・新管理』二〇〇四年一〇月、№20、一四―一五頁。

(15)　菊池、前掲論文、一七八頁。

## 主要参考文献

菊池敏夫「コーポレート・ガバナンスにおける日本的条件の探求」『経営行動研究年報』第8号、経営行動研究学会、一九九九年五月。

『第16回日中企業管理シンポジウム報告論文集』中国企業連合会・経営行動研究学会、二〇〇〇年九月。

菊池敏夫・平田光弘『企業統治の国際比較』文眞堂、二〇〇〇年五月。

金山　権『現代中国企業の経営管理：国有企業のグローバル戦略を中心に』同友館、二〇〇〇年三月。

菊池敏夫「アジアにおける企業行動と経営倫理」『東アジア文化総合研究プロジェクト報告書』（東アジア文化総合研究第三集）日本大学総合科学研究所、平成一三―一五年度。

金山　権「中国国有企業改革の新動向と経営行動―WTO加盟後を中心に」『アジア経営研究』第10号、アジア経営学会、二〇〇四年五月。

白　涛「中国上場企業における企業統治の改革―場規制を中心にして」『日本経営学会誌』第11号、二〇〇四年。

平田光弘「中国企業のコーポレート・ガバナンス」『経営論集』第57号、二〇〇二年。

金山　権「中国のWTO加盟後の経済と企業」『東アジア文化総合研究』日本大学、二〇〇二年六月。

川井伸一『中国上場企業―内部者支配のガバナンス』創士社、二〇〇三年六月。

黄群慧『国有企業管理現状分析』経済管理出版社、二〇〇二年三月。

坎国輝「上市公司独立董事制度的几点思考」『経済管理』二〇〇二年一月。

芮明杰『国有企業戦略性改組』上海財経大学出版社、二〇〇一年一二月。

楊瑞龍『国有企業治理結構創新的経済学分析』中国人民大学出版社、二〇〇一年一二月。

張　鴻「美国和我国香港上市公司的独立董事制度的啓示」『経済縦横』二〇〇一年第一期。

鄭　林『国有企業治理結構研究』河南人民出版社、二〇〇二年七月。

# 七　シャリーア・コンプライアンスと経営

## ――イスラームにおける経営の原則――

櫻井秀子

### 一　はじめに

過去二〇年間においてはイスラーム圏に大事件が起きるたびに、イスラームやその社会の動向が注目されたが、そのような興味は一過性のブームの域を超えることなく朝露のごとく消え去るのが常であった。経営理論の領域では、近代産業部門において、イスラーム圏が経済成長という実績をもってその経営の合理性を実証していないことから、前向きな意味合いで研究対象になったことは稀である。むしろイスラーム的経営は近代化や合理的経営の阻害要因、ないしは近代化の失敗の証としてとらえられるのが一般的であった。しかし日本において、特にイスラーム圏を経済・経営研究の領域から検討することは、二十一世紀のヴィジョンを描くためにも、また身近な日常生活を維持するためにも重要であることを認識する必要がある。

世界において価値観が多様化の様相を呈し、これまで発展途上国として経営研究の対象外であった地域がグローバル経営に組み込まれる過程にある中、イスラーム的経営のように広域にわたる経営理論に関しては、好むと好まざるにかかわらず、まずその存在自体を認めることから始めることが肝要である。そして先進諸国においても、企業の社会的責任や利潤最大化のあり方が問われ、社会的責任投資が意識される現状においては、社会的責任と公正を第一に掲げるイスラーム的経営の原則に対して、先進国の観点からも理解を得られる素地は整いつつあるだろう。さらに石油価格が先物だけでなく現物価格まで上昇している現在、日本の経済とライフ・スタイルは、当面、石油資源を抜きにして語れず、その輸入総量の約九七パーセントがイスラーム圏からであることを再認識し[1]、この観点からも、あらためてイスラーム圏に関する理解を深める必要があるだろう。

したがって本論文では、一般的にイスラーム法とよばれるシャリーアにおいて経済・経営にかかわる行為がいかに規定されているかに焦点を当て、イスラームにおいて合法的とされるビジネスのあり方について明らかにし、その倫理性、合理性について論じることを主な目的としたい。

## 二　イスラームにおけるシャリーア（イスラーム法）

イスラームは、ユダヤ教、キリスト教と神を同じくする唯一神信仰の宗教であるが、ヒジュラ暦元年（西暦六二二年）以来、イスラーム圏の実体を形成しているのは、ムスリムによるシャリーアの実践にあるといっても過言ではない。イスラームにおける信仰は、その教えが日常行為としてあらわれなくては無意味であり、経営という行為は重要な位置を占めている。経営は組織を運営し、意思決定を行う行為であるといいかえることができるが、それは企業組織を指すばかりでなく、家庭、地域社会、国家、そしてイスラーム共同体（ウンマ）全体を対象とする。[2]そしてその各経営は、ウンマに公益、公正をもたらすという共通目的を中心にすえた同心円を描き、シャリーアに示された諸法令を遵守するという「シャリーア・コンプライアンス」によって貫かれている。

シャリーアとは、文化の翻訳の過程において誤訳されている言葉の一つである。メディアにおいて多用されている「厳しい戒律」という常套句によって、「人々は自由意志が抑圧された生活を強いられ、その手段となっているのが、イスラーム法という厳しい戒律、掟である」という先入観が一人歩きしているようである。だが、それはイスラームの本質からかけはなれている。イスラーム教徒を意味するムスリムは、神への服従を意味するが、それは、食欲、性欲、物欲といった本能的欲求を禁じ、厳格な神にただひれ伏すことではない。イスラームにおいて神の命令とは、端的にいえば、地上における神の代理人である人間が地上に公正な社会を実現することであり、そのための手引きとなるのがシャリーアなのである。

アリー・シャリーアティーは、シャリーアを「水場に至る道」という原義にさかのぼって説明し、宗教そのものを意味するディーンが神聖な叡智という意味の他に「道」という意味をもつこと、また、マズハブ（宗派）、シラート（天国への道）、タリーク（タリーカ＝神秘主義）、ウンマ（共同体）などのイスラームの専門用語の原義に「道」という意味が含まれていることを偶然ではないと述べている。[3] イスラームにおいて信仰とは、そのものが目的なのではなく、あくまで手段、過程であり、神へと通じるそれらの道は、個人にとっては完全なる人間にまで自己を高める道、他方、社会にとっては、公正の実現に向かう道なのである。中でも「水場にいたる道」という生きることの根幹に関わる道標となっているのが、いわゆるイスラーム法である。したがって砂漠の中で水場のありかを教えてくれる道標のごときシャリーアに、禁欲と聖俗分離をイメージさせる戒律という訳語を当てるのは不適切といわざるをえない。イスラームの教えは聖俗分離ではなく、生活、社会の場において、人間の意志にもとづいて行為として実践されてこそ、シャリーアは意味をなすものなのである。

シャリーアの構成については、イスラーム法学派によって若干の相違はあるが、その第一法源はクルアーン（聖典、俗称・コーラン）、第二はスンナ（預言者の言行録）、第三はイジュマー（合意）、第四はキヤース（類推）である。ここからも明らかなように、シャリーアは記録された典拠（第一、第二）のみではなく、その解釈の方法（第三、第四）も含んでいる。クルアーンは神の啓示を記録したものであることから、イスラームにおいて立法者は神であり、人間が新たな法を定めることは許されない。人間が行うべきことは、「法的解釈の努力（イジュティハード）」である。他方スンナは、クルアーンの教えを実際に預言者が、行為として示した実践モデルである。[4]

だが預言者が他界し、正統カリフ時代も終わりを告げ、アラビア半島とは異なる風土や社会環境、歴史体験、慣習、言語の異なる地域がイスラーム化し、さらに時代を経る中で、当然、人々が直面する新たな状況に対し、クルアーンの聖句やスンナを解釈しながら、現実問題を解決し、行動様式を決定する必要が生じた。これは、ウラマー（イスラーム学者）の合議に委ねられた。ウラマーはイスラーム諸学を修めそれに通暁した者を指すが、いわゆる聖職者ではない。このウラマーを権威づける根拠は民衆の支持であり、その学的努力と現実への適用力が日々の社会指導の中に反映されてはじめて、その支持をえることができる。

シャリーアは、「実定化された自然法」として人々の生活を指導するといった点において、古代ギリシャ法、ローマ法、近代西洋法と比較して「他に類をみないユニークな法体系」と位置付けられている。[5] 人の行為すべてがシャリーアの対象となり、（一）義務的行為、（二）推奨される行為、（三）非難も奨励もされない行為、（四）芳しくない行為、（五）禁止された行為、に分類される。われわれの一般的な理解では、法に抵触するのは、（一）と（五）にかかわる場合であるが、シャリーアは（二）と（四）といった道徳、倫理、良心などに関わる領域も含んでいる。[6] さらにその賞罰は、現世においてばかりでなく、来世においてもなされる。

## 三　シャリーア・コンプライアンスの基本事項

これまで概観したとおり、イスラームにおいては生活全般に関わる行為が、シャリーアに照らして違法とならないように人々は努力する。商売、ビジネスに関わる諸行為も同様である。利益最大化に対する欲求や事業に対する成功欲といった人間の本能的欲求そのものは、抑圧の対象ではない。それどころか神の与えた属性であることから商才を発揮し「シャリーアに照らして正しく儲け、正しく使う」ことも共同体の発展に寄与する重要な行為の一つである。周知の通り、預言者ムハンマドは隊商を率いる商人であり、彼自身が預言者としてクルアーンの教えを実践したことから、シャリーアにもとづく商売を行う者は、イスラーム社会の中では尊敬の対象となっている。

シャリーアは、端的にいえば、ウンマの運営管理マニュアルである。現世に生活する者に対して、個人と組織の管理マニュアルとそれに適した行動マニュアルを示している。その管理の目的は、個人や組織の正当な欲求や利益を尊重しながら、同時にウンマ（イスラーム共同体）に公益をもたらし、それを保護することである。以下では、シャリーアにおいて、どのようなビジネスが合法的なのかを検討する。

### 1　所有権

まず所有権について述べると、イスラームにおいては国家所有、公的所有、私的所有が認められている。(7) 国家所有は、海洋、河川、山、森林、鉱物などの天然資源、および荒野、死地が含まれる。これらは公益に資するように国家が管理すべき財とみなされ、公益に反して利用、ないしは放置された場合などは国家所有となる。

公的所有は、国家とウンマの実体がほぼ同一であった初期イスラームの時代には、国家所有との区別を必要としなかったが、統治領域が国家群に分裂した後は、この公的所有の概念が一層重要な意味合いをもつようになった。ここでは公的所有はウンマ所有と言いかえることができる。ウンマは個別国家を超えて一体性を保ってきたが、それはユートピアとしてではなく、実態として存在し、それを裏付けた一つがこのウンマ所有であり、それは「財は民衆に属する」という側面をあらわす。その多くは喜捨や寄進財によって構成され、モスクがその管理を担当し、学校、病院、道路、バザールなどの公共施設の建設や貧者や孤児救済などに充てた。これらの公共財は日常の生活域を超えて、巡礼を通じてさらに連結した。各地に点在する大モスクをつなぐ巡礼ルートは、メッカへとつながり、それは同時にイスラーム圏を網羅したビジネスのネットワークと表裏一体をなし、それは現代においても引き継がれている。

私的所有は、シャリーアに違反せずに個人が獲得した財に対して認められるが、これは排他的所有権ではなく、あくまで用益権であるので、死地のように管理が不適切で公益に反する場合には、私的財産は国家所有となる。私的所有が認められるのは、狩猟や漁によって獲物を捕獲した場合や、死地や放置された土地を開墾した場合、掘削などにより地中深くに埋蔵された鉱物を取得した場合、労働報酬を得た場合、遺産相続を受けた場合、事業利益を得た場合、貧者、負債者、旅人などが喜捨を受けた場合などである。そして個人は直接労働により得た生産財やそこから生じた利益を所有することを認められるが、その所有者は、その財を活用するに値する資質、能力、意欲を有し、同時にその責任を自覚する者でなければならない。

## 2　投資の勧奨と退蔵の禁止

このようにイスラームでは、個人が所有を許された財貨を運用するに当たっても細則が設けられている。まず利殖について述べると、シャリーアでは、他人の損失を前提とした利殖、責任をともなう労働にもとづかない利得は禁じられている。具体的には、利子、および投機、詐欺、賭博等の禁止である。詐欺や賭博、投機は、資本主義社会でも法律違反であったり、倫理的に好ましくないものであったりするが、利子については資本の需給関係の要であり、イスラーム社会とは正反対である。

イスラーム法学では、何を利子とみなすかという点を、時代を通してつねに論じている。利子はアラビア語でリバーといわれ、それは不当な利殖を指し、正当な利潤とは区別される。[8] 元来、それは資金の貸付利子ばかりでなく、物々交換による不等価交換も含まれた。よってスンナには預言者がこのようなリバーを回避するために、物々交換ではなく貨幣取引による厳密な交換を命じたことが記録されている。またある事業受注者が、下請けにその事業を丸投げし、仲介料のみを受け取る場合、その仲介料はリバーとみなされ、これも違法である。

端的にいえば近代資本は、投下資本（invested capital）と利子生み資本（interest bearing capital）によって構成され、近代資本主義への道が開かれるが、他方、イスラームでは投下資本のみを合法的とは認める。そしてその資本をもとに、責任をともなう労働、ないしは損失のリスクを負って投資された結果として得られた利益のみがシャリーアに照らして合法的となる。よって利子のように社会に対する責任ある行為を介さずに、ただ資本が自己増殖した結果である利潤は認められないということになる。

マネー・ゲームに代表される現代世界をみれば、実体経済と無縁なばかりでなく、人間が新たな仮想世界を創造するに等しい事態が生じていることがみてとれる。それが利子という仮想利益の扉を開いたことに端を発したことを考え合わせれば、絶対的な創造主をアッラーにのみ認めるイスラームにおいて、利子に対して警戒し、利益がシャリーアに準じたものか、あるいは人間が身勝手に創出したものかについて厳密に検討するのも肯けよう。

利子は、経済規模を飛躍的に拡大させ、成長のスピードを驚異的に加速させた。だが他方では、利子は貧富の格差拡大に拍車をかけ、共同体の紐帯を寸断するばかりでなく、交換手段であった貨幣を、仮想的価値と信用の宿るマネーへと転化させ、ついにはそれが主体となる新たな世界を創造することを可能にしたともとらえることができる。この利子がもたらす弊害は、イスラーム圏ばかりではなく、先進国においても論じられている。またそれは、世界のいたるところで恒常化している累積債務問題が地域社会に与えている影響からも一目瞭然であろう。よって、現代世界の経済システムが利子を中心に動き、人間社会がそれに翻弄されている様が顕著になるにつれ、イスラーム社会では利子の禁止はアッラーの人間に対する慈悲、慈愛のあらわれと受け取られるのである。

また徴利と同様に社会を退廃させるとみなされ禁じられている行為が、退蔵である。無目的にひたすら蓄積され放置された死蔵も、権力基盤の強化や価格操作などの利己的目的のためになされる資本蓄積も、社会に停滞をもたらし、不正がはびこる原因として禁じられている。退蔵を行う者に対しても、クルアーンには徴利の場合と同じく、来世における厳罰が明示されている。来世において天国に行くか地獄に堕ちるかは、ムスリムにとっては単なる比喩ではない。来世は永遠の生を受け生きる場所であり、現世における生き方が来世の位置に直接つながっていくのである。

このように、利子による資本増加↓蓄積↓利子……という徴利と退蔵が形成する循環は、ウンマに対して閉じられ、富の累積的な不均衡状態を生み、それがウンマの公益を著しく損なうとみなされることから、イスラームではそれらに対してあらゆる防御策がとられている。それは徴利や、退蔵の禁止行為に対する懲罰だけでなく、神からの報酬というかたちでも蓄積の連鎖を断ち切る方向が示されている。

### 3　喜捨

そのような蓄積の循環を阻止するのが、喜捨の勧めである。[9] 喜捨は、先述したシャリーアにおける行為の分類における義務的行為と推奨される行為の二つを含む。義務的行為としての喜捨には、ザカートがあり、これはイスラームの六信五行の一つである。ザカートは、人間の魂を浄化する行為であると同時に、社会的観点からはある一定以上の所得に達した者が収入に対して納める一種の税金であり、所得税に匹敵するものであるが、その使途は貧者、困窮者、孤児といった社会的弱者のためという、明確な福祉税としての目的をもつものである。イスラーム法にはザカート課税率も細かく定められている。当然のことながらザカートを納めず得られた利益は違法であり、ザカートを怠る者は不信者とみなされるほどであり、ザカートがウンマの公益の実現に果たす役割は大きいと位置付けられている。ザカートの他に義務としての喜捨には、農産物、土地、交易、掘削された天然資源にかけられる各種税金がある。

また推奨される行為としての喜捨としては、サダカ、カルド・ハサン、ワクフなどがある。義務としてのザカートは、強制であると同時に、ある一定の所得がないと行うことができない喜捨であるが、サダカは所得水準にかかわらず行うことのできる喜捨である。サダカは、貧しい者も喜捨をすることによりウンマの公益に資する機会を与えている。実際、イスラーム社会では、貧しい者も進んでわずかな収入の一部を喜捨する。そしてザカートもサダカも、貧者への施しではなく、神の道に財を投じること、ないしはアッラーへの貸付と位置付けられているため、富裕者と貧困者の間に優劣、支配の関係は生じない。もしも優越感や支配欲のためにザカートやサダカがなされた場合には、イスラーム社会ではかえって蔑まれ、またアッラーによる来世への評価でも無効となる。このようにイスラームでは、表出する行為の善悪のみでなく、その際の意志も問題とされる。

カルド・ハサンは「美徳の貸付」と直訳できるが、その名の示す通り、無利子の貸付である。個人の余剰資金を蓄財に回すのではなく、ウンマにおける基金に供出するのである。[10] カルド・ハサンは、典型的なマイクロ・ファイナンスであり、零細な起業に対する貸付や教育資金のローンとして利用されている。この貸付は両義的な意味があり、現世のレベルではウンマに対して無利子で貸し出す一方、来世にむけてアッラーにも貸し付けていることとなる。このアッラーに対する貸付は無利子ではなく、ザカートやサダカと同様、それは来世で何倍にもなって返ってくることが期待されている。

ワクフはウンマに対する寄進であり、その際に、寄進された資産はウンマの所有となるため、私的占有は許されない。[11] 寄進者は、宗教、教育、福祉の振興を目的に、病院、学校、孤児院、バザールなどの公共施設の建設や、奨学金の基金の創設などを通じてウンマの公益に寄与する。イスラーム社会では、事業手腕もさることながら、このワクフによって名声をとどろかせてはじめて、大商人、大実業家たりうるのである。

喜捨には大実業家が行う規模の大きいものから、貧しい者が行う零細なものまで種々多彩であるが、これは資金を市場に環流させ、市場を活性化させる社会的効果をもっている。また貧困者を市場から閉め出すことなく、彼らに対して零細であれ事業機会を提供することにより、物乞いというネガティヴな立場に貶めることなく、社会への積極的参加、ウンマへの貢献を促す効果ももっている。

## 四　イスラーム的経営によるトリクル・ダウン効果

イスラームにおいては貧富の差は個人の能力差による結果とみなされているが、その格差の程度が問題となる。これまで概観したとおり、シャリーアによって財の所有、運用、循環に関し詳細な指示が示されているが、それは一個人が等身大を大幅に超えたり、一国家の予算を凌ぐほどの天文学的資産を所有したりすることを回避させる。他方、もしシャリーアに準じて莫大な資産を築いたとしても、それを喜捨によってウンマに放出する動機付けがなされている。その源には、蓄財は現世で行うのではなく来世のために行うものであり、そのために現世において財を適正に投資し、かつ喜捨するというエートスがある。

さらにここで指摘すべきことは、イスラームでは必要から生じたものしか正当な需要とはみなされない点である。必要は、「歴史の変遷にとらわれない確定された基本的側面」と「環境、状況に応じて改新、発展する側面」

に分けられ、前者は一定、後者は体験が増え複雑になるにつれ変動するとみなされる。[12] よって人間の必要とは無縁で、単に消費を目的とした、あくなき欲望のサイクルを創出し、需要を喚起することは認められていない。

このようにイスラームでは、蓄財は人間の必要と直接使用に結びつけられており、その域を十分満たしてもなお蓄財し、権力と支配の源泉に転化した場合には、アッラーに対する最大の反抗となる。よってウンマの公益の観点に照らしてシャリーアを解釈して行動し経営することにより、個人や企業の余剰利益は、満杯になったコップから水が徐々に流出するがごとく、段階的に各階層へと移転していくのである。

このように商才に長け成功した富裕者たちが余剰資産を社会に対し再投資や喜捨を通じて社会へ再分配し、貧困者との所得格差を縮小していくというトリクル・ダウン効果は、近代経済理論を構築したA・スミスやD・リカードも目指したことであり、さらには現在のグローバル化における「超-自由主義的経済政策」により巨万の富を稼ぎ出している多国籍企業や大実業家の自己正当化の根拠の一つになっている。プロテスタントのスミスも、ユダヤ教徒からクウェーカー教徒へ改宗したリカードも信仰心の篤い学者で、自由経済理論の構築の動機には、十八世紀から十九世紀の英国の貧困問題解決が大きく影響しているといわれる。そこには、まずはあらゆる規制を撤廃した自由主義政策をとれば、資本はつねに利潤最大化に向かい、それを所有する富裕者層の蓄財はいずれ限界を超え、そのあふれた財貨は自然に貧困者に再分配され、それは個人にも企業にも適用されるという仮定があった。またそこでは人間はもっぱら善意にもとづき行動し、良き隣人としてふるまうことが前提となっている。しかしこの仮定は、「ユダヤ・キリスト教の出自をもつ経済学者の頭の中からしか生まれえなかった。それは聖書のパラダイスの物語にそっくりだ。」という辛辣な批判がなされるほど現実性を欠くものであった。[13] 姉妹宗教でありながら、ユダヤ・キリスト教社会ではトリクル・ダウン効果は実現が困難で、他方、イスラーム社会では実現可能なのか。シャリーア・コンプライアンスの有無が、まさにこの相違をもたらしているといえる。

イスラームでは、善意によって「自然に」余剰資産も貧困者へ分配されるという仮定はなく、人間の本性は具体的な導きなくしては、正しい方向へ向かうことは不可能とされている。その導きも、単に道徳的な美徳を並び立てているのではなく、人間の利己的本能に強く呼びかける方法がとられている。つまり強欲な者に対しても、その強欲さゆえに来世では楽園において永遠の生を享受したいという強い衝動が生じ、現世において喜捨に励むという行為となってあらわれるという現実的側面が、イスラーム社会にはみられるのである。

## 五　イスラームにおける取引形態

現在、近代化されたイスラーム金融機関が、中東、東南アジアにおいて拡大の一途をたどり、さらにヨーロッパにおいて拡大している。現代イスラーム金融は、一九七〇年代に入って潤沢な石油収入をイスラーム的に運用するために、湾岸諸国を中心にイスラーム投資機関が設立され発展した。また二〇〇一年に起きた九・一一テロ事件以降、テロ支援組織という疑念から、イスラーム金融機関に対してかけられるアメリカ政府の圧力のため、多くの資金が中東やヨーロッパのイスラーム金融機関に移管されるようになった。また二〇〇四年から続く原油高騰により膨張したオイル・マネーの投資先ともなっている。さらに一九九七年に金融危機を経験した東南アジア諸国は、民衆のイスラーム金融への関心も高く、イスラーム圏の中で湾岸諸国に次いでイスラーム金融機関の数や保有資産が多い。

イスラーム的な投資は、まず投資先の事業内容を精査し、次のような企業を投資対象から除外する。[14]（一）酒類、豚肉などシャリーアにおいて飲食の禁じられている食品を扱う企業、（二）性産業、軍需産業、賭博など反社会的、反道徳的な産業にたずさわる企業、（三）金利による収益が全収益の一〇パーセント以上を占める企業、（四）

資産内訳において、受取手形の占める比率が五〇パーセント以上の企業等。

資本主義市場においても、近年、拡大している社会的責任投資の傾向にみられるように、(二)のタイプの企業への投資は回避される傾向にある。だがイスラーム的投資に求められる社会的責任の範囲は、さらに広い。すでに述べたようにイスラーム的投資は、シャリーア・コンプライアンスに貫かれた社会的責任投資、ないしはウンマ公益志向型投資でなければならないことから、実体経済を破壊し、人間による直接的で責任ある労働を疎外して、擬制的、仮想的経済システムを創出する可能性のある事業は投資の対象とはならない。

イスラームでは、利子をともなう取引は認められていないが、同時にそれは、責任とリスクを負担しない投資を認めないということでもある。よってイスラームにおいて合法的な取引は、パートナーシップ契約、販売契約、リース契約、生産契約、代理契約にもとづくものであり、利子の発生するローン契約は認められない。ここでは紙幅の都合上、すべてを説明しないが、以下の三つの契約について、若干述べることとする。[15]

ムダーラバ：これは資金提供者と資金運用者の間で取り交わされるパートナーシップ契約であり、損益公正配分（profit-loss sharing）が原則である。出資者は、事業経営に関わる意思決定や行動に関与しないが、損失が生じた場合には、出資者は損失に対し出資限度内の有限責任を負う。他方、資金運用者は労働が無償に終わったことによってその損失に対する責任を果たしたこととなる。利益配分に関しては両者間で契約時点において、あらかじめ配分比率を決定しておき、利益が上がった場合にはその比率にしたがって分配する。これは古くから隊商交易に適用されていたが、現代ではイスラーム銀行（資金運用者）と預金者（出資者）の間において、このムダーラバ契約が交わされる。

ムシャーラカ：共同出資経営のパートナーシップ契約であり、すべての出資者が事業経営にたずさわり、メンバー全員で損益を配分する。利益に関しては、あらかじめメンバー間で合意された比率により配分するが、損失については、出資比率に応じて負担する。伝統的なバザールや企業経営に、このムシャーラカ契約がみられる。

ワカーラ：これは、出資者が資金運用のために代理人を決め、その代理人に対して運用の経費を支払うという代理契約を指す。資金運用者は、契約内容に対し誠実に行動している限りにおいては、損失が生じてもその責任を負う必要はない。損益いずれの結果であれ、代理人に経費を支払った残りが、出資者の取り分となる。イスラーム金融では、この契約はイスラーム投資会社と投資家との間で取り交わされる場合が多い。

## 六　グローバル公正推進運動との共振性

以上概観したとおり、イスラーム的経営、シャリーア・コンプライアンスは、神懸かり的な何かではなく、利益志向と倫理志向のバランスを目指す合理的な堅実経営の一類型である。そこで徹底されているのは、マネーや企業主体の経営を回避し、あくまでも人間が主体の経営を持続することである。

イスラームに固有な存在認識や、信仰、諸行為は、異文化圏の者にとっては異質であっても、その目的、ないしは結果として、公益と公正の実現された社会を目指すことに関しては、他の文化圏の動きと共通な部分も多い。特に超自由主義とよばれるグローバル経済の陰で、著しく公正が損なわれた状況が世界を席巻する現在、先進諸国の民衆による草の根運動からわき起こっているグローバル公正推進運動（Global Justice Movement）が目指す公正と共存は、イスラームが掲げるウンマにおける目標と何ら異なるところはない。また欧米における企業の社会的責任投資はその源流からしても、イスラーム的投資との共通点をもっている。

このまま自由主義による企業経営、社会経営が突き進めば、世界中で二極化が進行することは避けられない。またその二極化は、経済的状況のみにとどまらず、平和・安全、さらには将来に対する希望にまでおよんでいる。

このような状況下においては、イスラームのシャリーア・コンプライアンスにもとづく直接性と責任、実体経済の重視、トリクル・ダウン効果、他者との共存とバランス、といった経営の原則は、グローバル経営の今後の方向性を考える上でも示唆的であろう。[16]

「イスラーム圏は近代資本主義的な成長を遂げることができなかった」という観点を、「あえてその選択をしなかった」という観点に転換し、イスラーム圏が資本主義的な成長を拒否した理由について、前向きにとらえ直す時期が到来しているのではないだろうか。そのような認識転換の試みは、欧米中心主義の経営理論に対して、新たな展望をもたらす契機となろう。

**注**

(1) 石油連盟、原油国別・油種別輸入統計（http://www.paj.gr.jp/html/statis/statis.html）を参照。本資料にもとづき日本の原油総輸入量に占めるイスラーム圏諸国からの輸入比率を別途算出。

(2) シャリーア・コンプライアンスの全体像を把握するためには、イスラームにおける「世界観—法—共同体」の関係を理解する必要がある。詳細については以下を参照。黒田壽郎『イスラームの構造—タウヒード、シャリーア、ウンマ—』書肆心水、二〇〇四年。

(3) シャリーアティー、A.『イスラーム再構築の思想』（櫻井秀子訳・解説）大村書店、一九九七年、二二三頁。

(4) シャリーアの詳細については以下参照。バーガー、H.『イスラームの国家・社会・法』（黒田壽郎訳・解説）藤原書店、一九九六年。Hallaq, Wael B., *The Origins and Evolution of Islamic Law*, Cambridge University Press, 2005.

(5) 眞田芳憲『イスラーム法の精神』中央大学出版会、二〇〇〇年、九一—九二頁。

(6) 黒田壽郎編『イスラーム辞典』東京堂出版、二〇〇〇年、ならびにバーガー、前掲訳書、三〇頁。

(7) サドル、M. B.『イスラーム経済論』（黒田壽郎訳・解説）未知谷、一九九三年。

(8) Saleh, N.A., *Unlawful Gain and Legitimate Profit in Islamic Law*, Cambridge University Press, 1986. Saeed, Abdullah, *Islamic Banking and Interest*, Brill, 1999. サドル、M. B.『無利子銀行論』（黒田壽郎訳・解説）未知谷、一九九四年。

(9) 黒田壽郎『イスラームの構造』前掲書。Mushtaq, Ahmad, *Business Ethics in Islam*, Kitab Bhavan, 1999.

(10) Mushtaq, *ibid.*, p. 65.

(11) Leeuwen, Richard van, *Waqfs and Urban Structure*, Brill, 1999, pp. 33-117.

(12) サドル『イスラーム経済論』前掲訳書、六九頁。

(13) ジグレール、J.『私物化される世界』(渡辺一男訳) 阪急コミュニケーションズ、二〇〇四年、七九―八〇頁。
(14) Molyneux, P. and Iqbal, M., *Banking and Financial Systems in the Arab World*, Palgrave, 2002, p. 159.
(15) Saeed, *op. cit.*, pp. 51-75. サドル『無利子銀行論』前掲訳書、二六―八六頁。
(16) 櫻井秀子「経営の国際化と異文化経営」中村瑞穂編『経営学』白桃書房、二〇〇三年、二九〇―三一一頁。

**参考文献**

Gerbar, Haim, *State, Society, and Law in Islam*, State University of New York, 1994. (黒田壽郎訳・解説『イスラームの国家・社会・法』藤原書店、一九九六年。)
Leeuwen, Richard van, *Waqfs and Urban Structure*, Brill, 1999.
Molyneux, P. and Iqbal, M., *Banking and Financial Systems in the Arab World*, Palgrave, 2002.
Mushtaq, Ahmad, *Business Ethics in Islam*, Kitab Bhavan, 1999.
Al-Sadr, Muhammad Baqir, *Iqtisādunā*, Dār al-tarif li-l-matbuāt, Beirut, n.d. (黒田壽郎訳・解説『イスラーム経済論』未知谷、一九九三年。)
Al-Sadr, Muhammad Baqir, *Al-Bank al-la Ribawi fi-l-Islām*, Dar al-tarif li-l-matbuat, Beirut, n.d. (黒田壽郎訳・解説『無利子銀行論』未知谷、一九九四年。)
Saeed, Abdullah, *Islamic Banking and Interest*, Brill, 1999.
Saleh N. A., *Unlawful Gain and Legitimate Profit in Islamic Law*, Cambridge University Press, 1986.
Shariati, Ali, *Islām-shenasi*, Daftar-e Tadvin wa Tanzim: majmu'e athar-e mo'alem Dr. Ali Shariati, Tehran, 1981. (櫻井秀子訳・解説『イスラーム再構築の思想』大村書店、一九九七年。)
Wael, B., *The Origins and Evolution of Islamic Law*, Cambridge University Press, 2005.
黒田壽郎編『イスラーム辞典』東京堂出版、二〇〇〇年。
黒田壽郎『イスラームの構造—タウヒード、シャリーア、ウンマ—』書肆心水、二〇〇四年。
眞田芳憲『イスラーム法の精神』中央大学出版会、二〇〇〇年。
中村瑞穂編『経営学—企業と経営の理論—』白桃書房、二〇〇三年。

# Ⅱ 論攷

# 八　経営学と社会ダーウィニズム
## ――テイラーとバーナードの思想的背景――

福　永　文美夫

## 一　は じ め に

フレデリック・W・テイラーは古典派経済学を研究し、またハーバート・スペンサーの有名な「適者生存」[1]を主著の中に記していた。テイラーは社会ダーウィニズム[2]の呪縛が解けなかった（福永、二〇〇四）。また、Wolf（1972）によれば、チェスター・I・バーナードはスペンサーの哲学に親しんでいた。しかし、彼は主著をはじめその他の論考でスペンサーを引用していない。ところが、スペンサーの宇宙観、人間の認知限界、個人主義と集産主義、道徳観などはバーナードの思想と大いに親和性があるのではないかと推測できる。

## 二　テイラーの思想的背景

### 1　テイラーと社会ダーウィニズム

社会ダーウィニズム（Social Darwinism）の本質はハーバート・スペンサーの進化論に端を発する（Hofstadter, 1944）。適者生存（survival of the fittest）という言葉を最初に使用したのは、チャールズ・R・ダーウィンではなくスペンサーであった。彼は社会とは有機体そのものであると主張する（Spencer, 1966）。有機体に成長があるように社会も成長するという。彼の進化概念は個体発生・系統学的な事実に基づくものである。この進化概念は生物だけではなく、政治や言語や文化などあらゆる分野に適用された。

社会ダーウィニズムはアメリカで流行した。これはイェール大学教授であったウィリアム・G・サムナーによって唱道された。彼はスペンサーの影響のもとに資本主義と自由貿易の擁護をして、資本の蓄積をする人間に対し野獣とは違う存在であるとみなした。彼によれば、産業の将帥たちは、その勇気や発明の才の報酬を受け取る正当な価値があった。アメリカは土地や天然資源が豊富であり、物価が安く賃金が高くなることが望めた。このイデオロギーは個人主義、競争主義、自由放任主義、成功崇拝であり、その派生としての優生学、帝国主義、自民族中心主義などの理論的根拠であり、繰り返し批判される悪名高き思想である。カーネギーはスペンサーの弟子であった。この思想は世界的に広がっている市場競争優先の風潮の原点である。

実は、テイラーも次のように、社会ダーウィニズムについて言及していた。

「各時代には器用なものがいて、各職の中の作業を速くよく行う方法を発展させてきた。ゆえに現に行われている方法は広い意味において進化の結果、適者の生存（survival of the fittest）したものであるということができる。またその職が始まって以来、発達してきた着想の中で、一番よいものであるともいえる。なるほど広い意味においてはそういえないことはない」（Taylor, 1911, p. 31）。

「適者生存」は明らかにスペンサー進化論の用語である。しかし、この引用部分は全体的には従来の作業方法の伝承では限界があることを主張するものであり、社会ダーウィニズムを結果的に批判した形になっている。しかしながら、テイラーの論調には完全に否定したとはいいがたいものがある。それは後述するように、社会ダーウィニズムと革新主義が密接に関連しているからである。

## 2　社会ダーウィニズムと革新主義

革新主義運動とは、一般に貧富の差の拡大に対する民衆の不満が二十世紀初頭のアメリカにさまざまな形での改革に展開していった広範な政治的社会的運動である。この改革を担ったのは、実業家、科学者、技師、弁護士、ジャーナリストなどであった。彼らの多くはWASPであった。彼らの関心は、急速な工業化や都市化、移民の流入による人口構成の多様化、労働争議の頻発、農民の反抗による社会の混乱などであった。彼らは革新主義運動のなかでも最も大きな影響力をもっていた。

革新主義者の活動家で弁護士であったルイス・D・ブランダイスは、一九一〇年の東部鉄道運賃率事件をきっかけにテイラーと出会うことになった。この事件の公聴会のために、ブランダイスは「科学的管理」という言葉を初めて提案した（Copley, 1923）。さらに、彼はエマーソンの公聴会での「科学的管理の導入で鉄道は一日に百万ドルの節約になる」という証言をそのまま『ニューヨークタイムズ』に記事を掲載し、アメリカ全体に喧伝した。これで科学的管理やテイラーの名は一躍有名になった（Kanigel, 1997）。テイラーからブランダイスへの手紙によれば、テイラーは『アメリカンマガジン』誌の編集者に会って、『科学的管理の原理』を同誌に掲載することを決めた。同誌は革新主義系の暴露本的雑誌であった。テイラーは仲間であるクックの反対を押し切ってこの雑誌に掲載することを決めたのである。その決断にはブランダイスの影響がかなりあったとみてよい。

人民の弁護士として名をなしたブランダイスに比べ、テイラーは一流労働者概念批判などにあるように誤解される存在であった。テイラーは一般にいう意味での一流の技師であった。しかし、他の人は「一流」になれるとは限らない。つまり、「一流」は「適者生存」と同じく優勝劣敗の論理であり、社会ダーウィニズムを彷彿とさせるものである。そうであるにもかかわらず、彼があえてこの言葉を使用したのは、社会ダーウィニズムの教義を批判するためであろう。もっとも、それは全面的な批判ではない。以下のテイラーの文章によって論証できる。

「昔から『産業の将帥は作られるものにあらず、生まれつきなり』と考えられていた。そして適材さえ手に入れれば、方法はその人に任せておいて大丈夫であるという考え方であった。しかし今後はそれと異なり、リーダーとなるものは生まれつきも大切であるが、教育も同様に大切である。たとえ普通の人でも、幾人か集まって適当な組織を作り、能率的に協力すれば、どんなに偉い人でも、旧式の独断管理をやっている限り、けっしてこれに打ち勝つことはできない。今までは人が第一であった。これからは制度が第一でなければならない」（Taylor, 1911, pp. 6-7）。

「生まれつきのリーダー」が社会ダーウィニズムに基づくものであり、「教育によるリーダー」が革新主義に基づくものであろう。テイラーは、「生まれつきのリーダー」（社会ダーウィニズム）を決して全面的には否定していないのである。革新主義は社会ダーウィニズムの要素を反転した形で内包したものであった。つまり、革新主義運動は社会ダーウィニズムという進化思想の一変形として位置づけられるであろう（森田、一九七七）。テイラーの解釈もこのように考えることもできる。

## 三　バーナードの思想的背景

### 1　影響を受けた思想家

バーナードが影響を受けた思想家は、数多い。主著の序文では、キャボット、ヘンダーソン、メイヨー、ホワイトヘッドをあげ、また、主著日本語版への序文では、デュルケム、パレート、テンニース、パーソンズをあげている。主著本文では、その他に、コモンズ、エールリッヒ、ハーボード、フォード、フォレット、ベントレー、マルクス、ムーディ、レスリスバーガー、ディクソン、ウェーバーをあげている。しかしながら、スペンサーに関してはなんらふれていない。

ところが、バーナードが死去する二カ月前のウィリアム・B・ウォルフによるインタビューには、明確にバーナード自身からスペンサーに対して言及していた。

「それでもその当時、自分のとっている行動のなかに、制度を変えるという、つまりそれを一つのシステムに融合させるという広い目的を、実際に意識しておられたのかどうなのでしょう。

――意識していたと思うが、確かではありません。私はいつも長期的な見通しをもっていたように思います。知っての通り、私は貧しい人ばかりの家庭に育ちましたが、しかし彼らはとても知的でした。ハーバート・スペンサーやその他の哲学について、何時間にもわたって長々しい議論をするのがつねでした。そのため私は、幼少の頃から、そのようなものを価値があり、何か意味があり、思考の重要な筋道をなすものとみなす気持ちを持っていました。最近では、たいていの人たちはそれを得ておりません」(Wolf, 1972, 訳書、一〇―十一頁)。

ウォルフはスペンサーのことについて聞きたかったわけではなく、システム思考についての意識を問うたにすぎない。その質問に対してスペンサーの名をバーナードが口にしたということは、自らのシステム思考の原点としてスペンサーを位置づけていたと推測できる。

2　スペンサーのバーナードへの影響

社会ダーウィニズムは、テイラーの時代（十九世紀末～二十世紀初頭）には全盛を迎えていたが、バーナードの時代（一九二〇～三〇年代頃）にはその影響は小さくなっていた。そのような時代背景のなかでスペンサー思想は、どの程度バーナードに影響していたのか。ここでは、社会有機体概念、進化概念、認知限界、道徳観、集産主義と個人主義の五つの概念それぞれについて、スペンサーの概念がバーナードの概念にどの程度類似しているか検証しよう。

第一に、スペンサー思想の代表的なものに社会有機体がある。これをスペンサーの原典から紐解くことにする。「一個の社会の特質は、死んでいる身体のようなものなのか。それとも、生きている身体のようなものなのか。これらの疑問のうち第一のものは、もっぱら否定されるべきものである。生きている部分からなる全体が死んでいるという個性を表すはずがない。第二の疑問は、即座に答えられるものではないが、肯定すべきものである。というのは、社会の部分における永続的な関係は、生きている身体の諸部分における永続的な関係に類似していると主張することができるからである」(Spencer, 1966, VI, p. 436)。

これに対して、バーナードも同じような見解を示していることが容易に推察できる。「社会進歩における不変のジレンマ」というバーナードの論文では、端的な表現をしている。「つねにしなければいけないのは、変化している生活の諸条件に対して不断に適合を繰り返すことである。社会は、いきた個々の細胞と活力ある機能的器官からなる生きた有機体である」(Barnard, 1936)。社会有機体という言葉こそ使っていないが、この文章はまさにスペンサーのいう有機体概念そのものである。

もっとも、社会有機体概念はスペンサーのものが最も有名であるが、スペンサーのオリジナルではない。それは、ヘーゲルにまでさかのぼる。ヘーゲルからコントを経て、スペンサーにおいて花開くのである。この社会有機体を形成するそれぞれの個別の人間有機体は、スペンサーによれば、変化する存在である。

すなわち、第二は、スペンサーの進化概念である。

「われわれは、次の三つの前提のうち一つを選択しなければならない。第一、人間は自らに課せられた環境によって変化しない。第二、人間は結果として環境に適応できなくなる。第三、人間は結果として環境に適応できるようになる。第一の点が真実ならば、教育、政府、社会改革のあらゆる枠組みは無益なものになる。第二の点が真実ならば、人を道徳的にする方法は堕落した実践に慣れさせることである。両方とも愚かなことであり、われわれは第三の前提を認めることになる」(Spencer, 1966, XI, p. 29)。

バーナードにもこのような進化論的思想がみられることは、案外知られていない。しかし、先の論文では、明らかに人間を変化する存在としてみなしている。「私の知る限り、人間の精神が知覚するすべての局面において、おしなべて妥当するただ一つの一般的事実がある。それは変化という事実である。これまでに変化があったゆえに、われわれは時間が過ぎ去ったことを知る。また、時間が経過したならば、われわれは変化があったことを知る。このことは自然界についてあてはまる。それは同時に、そしていっそう明らかに、社会的世界にもあてはまる。しかしながらこの場合、われわれは、変化があるということだけではなく、人間が変化を引き起こそうとしていることにも気づいている」(Barnard, 1936)。人間を変化する存在とみなしたのは、スペンサーがはじめてではない。おそらくはギリシャ哲学者のヘラクレイトスが最初であろう。ヘラクレイトスは、『万物は流転する』と言った。変化するのは、人間だけではない。バーナードもいうように、組織も変化し数多くの組織は短命である。バーナードの主著の表現である「数多くの失敗者のなかでうまく生き残ったもの」(Barnard, 1938, 訳書、五頁)は、『適者生存』そのものである。バーナードの人間観は、スペンサーの人間観に近いのではないか。いや、そういう仮説を立てるのは早計であろう。

ところが、これ以外にもスペンサー思想とバーナードの意外な接点がある。それは、第三の認知限界の概念である。これは、不可知論として有名であり、バーナードの選択力の限界論、意思決定論につながるものである。

「どの事象がどれとともに発生するか、どの事象がどれの後に続くのかということを確かめていくことは、仮にそういったことが一切なくなるまで追求することができるにしても、共存と継起を伴うだけで、私たちは結局取り残されたままなのである」(Spencer, 1966, I, p. 63)。「つねに知ることを求めては、つねに知ることができないという深い確信をもつ状態に引き戻されることによって、私たちは次のような認識を持ち続けることになるだろう。すなわち、私たちの最高の知恵と最高の義務はともに、あらゆるものが不可知なもの(the unknowable)として存在しているということを通して認識される」(Spencer, 1966, I, p. 84)。

この不可知論もスペンサーの発案ではない。動物学者のトーマス・H・ハックスリーがダーウィンやスペンサーに影響を与えたといわれている。不可知論とは、絶対者や神などは人知をもっては知り得ないというものである。バーナードは、この不可知論から選択力の限界という思考に至り、意思決定論への道筋をひらいたのであろう。これは「組織の進化的特質」という論文において、最も顕著にあらわれる。「それは組織自身の行動を慎重に条件付ける相対的に高度の組織の能力であり、公式の協働のパワーを説明するものであり、人類に生物種としての人間の能力を超えることを可能にする。科学技術はそれ自身、この能力に依存している。しかしながら、この能力は部分的で限られているにすぎない。あらゆる行動の予期できない結果はまだ残存し、そして、唯一行動のパターンとして見られるのは、その妥当性が保証される有効な経験によってである。こうして、洞察を増すことによって、組織が効果的であることが証明できる」(Barnard, n.d., Evolutionary Nature of Organization)。

第四に、スペンサーは道徳概念について言及する。スペンサーの道徳論は、二つの相矛盾する概念を併記する。「私たちには、選択すべき前提は二つしか与えられていない。一方は、道徳とは人間ありのままの行為の準則である。他方は、道徳とは人間がとるべきだとみなす行為の準則である」(Spencer, 1966, XI, p. 24)。

この文の前半は存在論的規定、後半は当為論的規定であり、カントの道徳論によるものであると推測できる。この二分法による道徳概念は、バーナードの道徳概念と責任概念との関係に連結することは明らかである。「道徳とは個人における人格的諸力、すなわち個人に内在する一般的、安定的な性向であって、……道徳水準と責任とは同一ではない。ここでの目的のために定義する責任とは、反対の行動をしたいという強い欲望あるいは衝動があっても、その個人の行動を規制する特定の私的道徳準則の力をいう」(Barnard, 1938, 訳書、二七二―二七四頁)。すなわち、バーナードは、道徳概念に対して存在論的規定に限定し、責任概念に対して当為論的規定として独立させて、道徳概念から切り離し責任を強調したのであろう。

第五に、集産主義と個人主義との関係である。これはスペンサー思想の根幹をなすものであり、矛盾を指摘する論者は数多い。森田（一九七七）によれば、スペンサー自身の徹底したレッセフェール個人主義の主張にもかかわらず、アメリカにおける集産主義ないし福祉国家論の勃興を促した諸思想がいずれもスペンサー個人主義の圧倒的な影響下にあった、という事実をどう理解するかということが問題になる。これを解く鍵はスペンサーの思想そのものに内在する解きがたい矛盾、すなわち、個人主義と集産主義（有機体説）との間の矛盾に求められる（森田、一九七七、下、六七―六八頁）。また、Barker (1948) によれば、スペンサーは終始、先験的な個人主義の一貫した唱道者であったが、彼が露呈した矛盾は、ある時に主張したことが、他の時に変わったというところにあるのではなく、彼の不変の理論内に潜む相容れない要素間にある矛盾であった。すなわち彼は、個人権要素と社会有機体の要素とを、終始調和されない背反のまま、併せて主張していたのである。たとえ自然淘汰原理は彼の書に調和したとしても、社会有機体原理は同じように安住してはいなかった（Barker, 1948, 訳書、一〇七頁)。

しかし、バーナードについては、周知のように、集産主義と個人主義の統合をはかった。それは、協働という取り組みによって可能になるというものである。「これらの基本的で対抗的な社会的諸力とパワーを利用し、方向付け、バランスをはかり、調和させることが人間に課された免れ得ない運命である。なぜならば、それは永久に解決されることのありえない少なくとも三つの問題の解決を必要とするからである。事実われわれは三つのジレンマに直面しており、それらはこの世の性質上、至福千年まで続くに違いないと私には思われる。その三つのジレンマとは、個人と社会のバランスをいかに確立し維持するか、オーソリティをいかに確立し維持するか、そして、人々の間に寛容をいかに確保するか、である。このことを理解するための最善のアプローチは、協働の考察によるものであると私は信じる。協働は、そのよりはっきりした具体的な形をとる時には、『組織』と呼ばれ、より抽象的な意味において考えられる時には、それは個人主義と対比して集産主義と呼ばれる」(Barnard, 1936)。

以上のように、スペンサーの社会有機体、進化、認知限界、道徳観、集産主義と個人主義の五つの概念は、バーナードの思想にかなりの程度類似している。また、バーナードの生きた十九世紀末から革新主義期、ニューディール期という時代背景、彼の立身出世していった生い立ち、彼の柔和であるが超然として威圧感があったという個人的性格からするとスペンサーに惹かれていったのも自然な成り行きであったと考えられる。しかし、これらのスペンサーの概念はそれぞれ、彼のオリジナルなものではなく他の多くの論者も主張しているものばかりである。したがって、バーナード理論の多くをスペンサーに負っているということを必ずしも断定できない。もっとも、さらなる研究を深めてその関連性を追究することはおおいに意義があると思われる。

## 四　おわりに

経営学の二人の巨人、テイラーとバーナードはスペンサーの影響を受けていたようである。それは、主としてテイラーは、社会ダーウィニズムの適者生存というキーワードに、そしてバーナードは社会有機体論に、である。それぞれについて、さらに詳細な研究が必要であろう。スペンサー思想は、革新主義期からニューディール期にかけてのアメリカ経営思想に大きな影響を及ぼした可能性がある。なぜならば、アメリカ経営学はもともと適者生存の社会ダーウィニズムと大いに親和性があるからである。このことは、経営学の学問的発生基盤に関わる重要なメルクマールである。

**注**

(1)　筆者は適者生存とは、生存競争で環境に最も適したものが生き残ることと解釈する。しかし、これは同義反復であるとの批判があることは承知している。生存競争で生き残るパターンには、①適者生存、②適者非生存、③不適者生存、④不適者非生存の四つのケースが考えられる。おそらく、確率的な問題で、①の適者生存のケースが最も多いであろう。しかし、現実の生存競争では、②や③のケースは、稀であるが可能性がある。また、④は確率的に多いケースである。したがって、同義反復という批判にはこの四つのケースを考慮すべきであると考える。

(2)　社会ダーウィニズムとは、ダーウィンの生物進化論に立脚して社会過程を説明し、社会進化の観点から社会変動を解釈した十九世紀後半以降今日に至る一連の社会思想である。しかし、社会ダーウィニズムは、三つの類型に分けられる。第一は、ダーウィンの生存競争と自然淘汰という考え方を社会現象、とりわけ自由放任の経済現象に適用し、資本と資本の競争とその下での利潤追求を解釈しようとしたものである。スペンサーは、この考え方であるが、ただ彼は社会ダーウィニズムに収まりきれない思想体系をもっている。第二は、生存競争と自然淘汰を人種間の闘争や征服の事例に適用したグンプロビッチ、アモンなどの社会理論であり、先進国による植民地獲得や帝国主義を合理化し、ファシズムにも影響を及ぼしたものである。第三は、ウォード、クロポトキシなどの社会理論のような、社会的連帯を中心とする社会進化のとらえ方である。筆者は基本的に、第一の類型に立脚する。なぜならば、第三の視点はともかく、第二の視点は、帝国主義やファシズムの理論的根拠となったもので、論点が飛躍していると考えるからである。論点にしたいのは、生物の進化法則が人間社会に適用可能であるという点であり、適者生存は経済現象においてマッチするという点までである。人種間の闘争にまで論拠をすすめるものではない。

**主要参考文献**

Barker, E., *Political Thought in England: Herbert Spencer to 1914*, Home University Library, No. 104, 1948.
Barnard, C. I., "Persistent Dilemmas of Social Progress," Barnard Collection, C1, F1, Baker Library, 1936.
Barnard, C. I., *The Functions of the Executive*, Harvard University Press, 1938.（山本安次郎・田杉　競・飯野春樹訳『経営者の役割』ダイヤモンド社、一九六八年。）
Barnard, C. I., "Evolutionary Nature of Organization," Barnard Collection, C2, F6, Baker Library, n. d.
Copely, F. B., *Frederick Taylor Father of Scientific Management*, 2 volumes, Harper and Brothers, 1923.

福永文美夫「企業経済学の胚胎―スミス、ミル、マーシャルの企業観」『久留米大学商学研究』第八巻、第二号、二〇〇二年。
福永文美夫「企業経済学と経営学―マーシャルとテイラーをめぐる思想的背景」『産業経済研究』第四十五巻、第一号、二〇〇四年。
挟本佳代『社会システム論と自然―スペンサー社会学の現代性』法政大学出版局、二〇〇〇年。
Hofstadter, R., *Social Darwinism in American Thought*, Beacon Press, 1944.
Kanigel, R., *The One Best Way: Frederick Winslow Taylor and the Enigma of Efficiency*, Little Brown, 1997.
森田尚人「社会ダーウィン主義の「機能転換」（上・下）―アメリカ革新主義教育思想研究（一）（二）」『人文研究（神奈川大学）』第六十六号、第六十七号、一九七七年。
Spencer, H., *The Works of Herbert Spencer*, 21 volumes, Osnabrück, 1966. (Originally published in 1876)
Taylor, F. W., *The Principles of Scientific Management*, Thoemmes Press, 1993. (Originally published in 1911)
Wolf, W. B., *Conversation with Chester I. Barnard*, Cornell University, 1972.（飯野春樹訳『経営者のこころ―チェスター・バーナードとの対話』文眞堂、一九七八年。）

# 九　個人と組織の不調和の克服を目指して

## ――アージリス前期学説[1]の体系とその意義――

平澤　哲

### 一　はじめに

個人の成長と組織全体の効果性の向上を同時に実現しようとする経営管理の試みは、二十一世紀においても重要な課題の一つである。ただし、個人と組織のあり方や両者の関係性は時代とともに変容してきている。個人については、組織に対して抱いている心理的契約の性質やキャリア開発の意識が変化してきている。一方、組織も、厳しい経営環境の中で従来の管理システムを変化させてきている。こうした双方の変化により、両者の間には新たな不調和が発生してきている。例えば、従来の人的資源管理システムに慣れてきていた従業員達は、システムの急激な転換を心理的契約の違反として認識し、忠誠心を減じるようになる。また、近年のリストラは、従業員に強いストレスを経験させ、職場のメンタルヘルスの問題を深刻化させてきている。このような両者の不調和を克服し、両者を統合すべきことを主張していたアージリスの前期学説を再検討することは、二十一世紀における個人と組織のあり方や両者の関係性を考える上で意義を有している。したがって、本稿では、その主張を明らかにし、その現在的な意義を検討する。さらに、前期学説の発展を目的として批判的考察を展開することにする。

## 二 研究方法

本稿では、アージリス前期学説の個別概念・理論に焦点を当てるのではなく、その中核的な成果に絞りながら、一つの理論体系として再構成することによって、その全体性を理解することを試みる。また、彼と同様な現象を調査・検討している現在の諸研究を合わせて検討することを通じて、より相対的な視点から彼の研究成果の意義や課題を考察する。こうした取り組みを通じて、アージリスについての解釈の正確性向上と、他の研究成果を十分に踏まえるという包括性向上の要請との間に存在する、一種のジレンマを克服することを試みる。

これらの研究対象の範囲は、筆者による「学説史研究の分類枠組」によって明示されうる（図1）。X軸は時間を表し、左端に進むほど歴史を遡り、右端に進むほど未来に向かうことになる。Y軸は理論・概念数を表し、上方に進むほどより多くの諸理論・諸概念を対象とするこ

**図1　学説史研究の分類枠組**

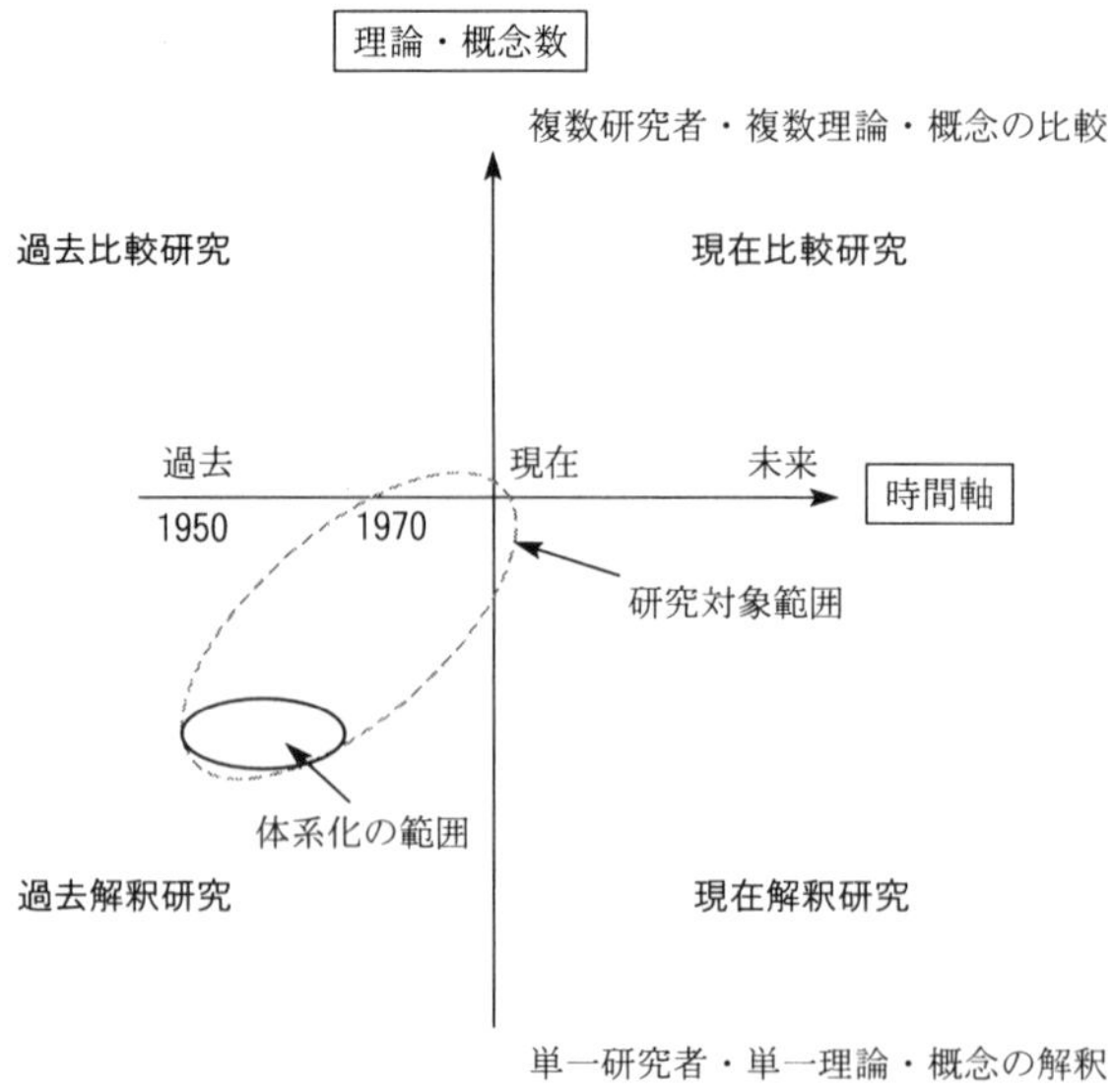

とになる。かくして、本稿の研究対象は楕円部分に相当することになる。

学説の体系化については、アージリスが組織現象を捉えるために、個人・集団・組織全体という三つのレベルとその相互関係を明らかにしようとしてきたという背景を踏まえ、「個人の概念化とその特性」「組織の概念化とその特性」という視点を含めることにする。さらに、彼が実践の問題の解決に関与してきていることを踏まえ、「組織における解決すべき課題」「課題解決の方法」という視点を含める。これらの視点に分類されうる諸理論・諸概念及び、それらの相互関係から成る理論体系として学説を再構成し、これに基づいて検討を行うことにする。

個人、組織、課題、解決方法という四つの要素から構成される枠組みはアージリスの学説に限定されず、例えば、組織変革に関する学説を分析するためにも共通して適用できる。このような体系化の方法を「一般的体系化」として筆者は概念化する。一方、アージリスの人生における出来事の変化に対応して学説の変遷を捉えるような「年表的な整理」や、彼自身が既に用いた理論的骨格をそのまま用いるような体系化は「個性的体系化」と概念化される。一般的体系化では、個性的体系化と異なり、より相対的な観点から当該学説の特性が解明されることになるため、当該学説と他学説との比較検討も容易になされることになり、この結果、学説史研究全体の明確化にも貢献しうると考える。本稿の取り組みが一般的体系化の意義を検討するための機会になることも期待する。

## 三　本論――諸理論・諸概念の枠組み――

### 1　個人の概念化とその特性

個人概念の中心には、活動力としてのパーソナリティが位置づけられた。パーソナリティの諸部分の相互関係によって作り上げられる一つの全体概念が自我（the self）である。自我が一度形成されると、今度は、これに基づいて現実が認識されることになる。人間は自己概念（his self concept）と一致するような経験を受け入れるが、一致しない経験を受け入れざるをえないことに脅威を感じ、それを歪めるように防衛的に反応する。しかし、経験と一致しない自己の部分を修正し、パーソナリティの部分を拡大・深化することにより、人間は成長できる。パーソナリティは内部の諸側面を適合させ、外部的な環境に適応しながら目的を達成することを通じて自己実現を図り、成熟した状態へと成長するという特性が仮定された（Argyris, 1957, pp. 20-53. 邦訳、四二―八九頁）。また、人間は、自己と他者を受容する意識を増すことを欲するような存在であるとともに、それらの増大が彼らの成功として捉えられる。個人が自己と他者を知り、受け入れるような人間関係の中では、個人は個性を開発し、本心で接するようになり、次第に嘘・偽りがなくなる。これはフィードバックされて、自己意識や他者受容の増大を促進することになる。このような関係は心理的生活及び人間成長の根源であることから「本性的関係」と概念化される。この関係は次の条件によって促進される。即ち、①評価を含めない、記述的なフィードバックの交換、②自分独自の価値観・態度・観念・感情を持ち、他者も自らのこれらを持てるように援助すること、③新しい価値観・態度・観念・感情に対して寛容になるとともに、それらを自ら実験し、他者が同様のことをすることを援助すること、等である。これらの条件が組織の中でより多く実現されるにつれて、個々人の対人コンピテンスが増大する（Argyris, 1962, pp. 15-27. 邦訳、一五―二六頁）。さらに、個々人が心理的成功を積み重ねるにつれて、彼らの自尊意識は発達させられる。その結果、自己意識が拡大し、他者受容が増大するとともに、心理エネルギーも増大する。これは、組織が利用しうる重要なエネルギーであることから、組織は、自らの効果性向上に必要な入力を獲得することになるのである（Argyris, 1964, pp. 20-34. 邦訳、二三―四二頁）。

## 2　組織の概念化とその特性

組織は多元的な人間活動から構成される複合的な体系であるとともに、環境と相互作用する開放性を有し、入力―変換―出力を循環させる行動様式として定義される。組織の中核活動は、目的の達成、内部体系の維持と外部環境への適応から構成されると仮定される。また、実存する多様な組織のあり方を捉えるために、混合モデル（the mix model）が開発された（Argyris, 1964, pp. 146-163. 邦訳、一九三―二一六頁）。ここでは、生物学や心理学に基づいて導き出された組織の本質的特性への接近の程度によって全ての組織が並列混合的に記述される。(2)

こうした組織の概念化を踏まえ、公式組織の管理原則と個人との相互作用という行為連鎖として組織の行動特性が解明されることになる。公式組織とは合理的な組織であり、合理的な人間行動を目指して、労働の専門化、命令系統の連鎖、指令の統一、管理の限界に基づいて設計されたものである。労働の専門化の原則により細分化・単純化された仕事においては、多くの能力を発揮して自己実現を図りたいという個人の欲求は満たされない。命令系統の連鎖の原則により経営層に権力が集中すると、労働者は自らの労働環境を自身で統制できず、依存的な存在となる。指令の統一の原則は、経営層の定めた目標・方法に従って働くように労働者に要求する。これらの目標・方法が労働者自身のものと乖離するにつれて、労働者は成長に必要な心理的成功を経験できなくなる。管理の限界の原則により一人の上司が監督する部下の数が少数に限定されると、労働者は上司からこまかく指示されるため、上司に従属的な存在になる。かくして、これらの原則に基づく労働環境は、成長を望む個人の欲求とは適合せず、彼らに葛藤を経験させる。こうした感情を減少させるために、個人は防衛的に反応したり、無感動・無関心になったりするという順応行動をとり、さらに、この順応行動を維持するために非公式の集団を組織化し、生産を制限するという問題を引き起こすことになる（Argyris, 1957, pp. 54-122. 邦訳、九〇―一八二頁）。これらは、組織や組織設計の意図せざる結果であることをアージリスは指摘した（Argyris, 1964, p. 35. 邦訳、四三頁）。

管理者達は、労働者の生来的な怠け癖により、こうした順応行動が引き起されたと判断し、これを減少させようとする。しかし、管理者達の命令的なリーダーシップは労働者を一層依存的にさせ、より厳格な管理は労働者の自主性を奪うことにより心理的失敗を経験させ、人間関係プログラムは、従業員の怠慢や無関心の原因を従業員に一方的に帰することにより公式組織の原則を反省しない、という問題を含んでいる。さらに、従業員の経営参加を表明する経営者達の発言と実際の行動とが大きく乖離するという齟齬の問題は、従業員の不満を増大させてしまうことになる。しかし、上司との直接的な対立を望まない従業員達は、対立を抑圧し、一層依存的に行動するようになる。かくして、これらの管理者の対応は、組織の問題を悪化させてしまうのである（Argyris, 1957, pp. 123-162. 邦訳、一八三—二四四頁）。こうした結果は組織や管理の意図せざる結果と解釈しうるのである。

以上のような行為連鎖が組織の下層において展開するのに対して、組織の上層では、公式組織の原則に影響された幹部達が内面化させている人間関係についての価値観、即ち、目的達成に関連する人間関係の重視、知的合理性の重視と感情の抑圧、賞罰による統制の重視等が対人的な相互作用のあり方に強い影響を及ぼし、集団ダイナミクスが展開していくことになる。これらの価値観に影響されて、物事の合理的側面を重視して感情的側面を抑圧するような規範が組織内に形成され、潜在的な感情の対立を生むような情報の交換を避けようとするような人間システムが形成される。ここでは、①評価抜きの情報の授受、②個人が自らの感情・価値観を有し、他者にも同じことを認めること、③新しい考え方・価値観・感情にオープンになり、それらをテストすること、等の行動が減少する。また、個々人は互いの対人的影響に気づかなくなり、対人コンピテンスを低下させてしまう。こうしたシステムでは、個々人の間に認識の齟齬が生じやすくなり、欲求不満から他者に対する不信を増大させるようになる。しかし、このような感情を扱うための対人コンピテンスを持たないため、直接的に解決を図るよりも無難に乗り切ろうとする。また、権力者の承認を求めて同僚と競争し、組織的な大勢順応を引き起してしまう。こうした機能障害の対人関係は、組織の意思決定を悪化させ、また、技術的革新活動を阻害させてしまう。こうした事態に直面して、幹部達は、さらに、一方的管理、厳密な管理、危機による管理により対処を試みるが、これらは部下の防衛反応をかえって強化し、自己保護のための部門中心主義的な風土を醸成させてしまう。かくして、部門間の協力の少ない、柔軟性を欠いた組織に陥ってしまうのである。これらは、組織全体の効果性を低下させる一方、個人の対人コンピテンスを悪化させるようにフィードバックする（Argyris, 1962, pp. 38-54. 邦訳、三九―五四頁）。これらは、人間関係についての幹部の価値観とそれによる管理の意図せざる結果と解釈できる。

3　組織における解決すべき課題とその特性

かくして、組織の問題としては、第一に、公式組織の原則に基づく組織側の要請と心理的成功を望む個人側の欲求の不調和の問題、第二に、幹部達の価値観から生じる集団ダイナミクスの問題という、二つの人間的側面の問題が指摘される。さらに、技術的側面の問題があり、当初は、生産性や品質悪化のようなルーティンな問題が論じられていたのに対し（Argyris, 1957, 1962, 1964）、その後にはイノベーションにも焦点が当てられるようになった（Argyris, 1965）。人間的側面と技術的側面の関係性については、当初は、人間的側面に焦点が当てられ、技術的側面は抽象的に論じられる程度であったのに対して、後には技術的側面も具体的に論じられ、人間的側面の問題により技術的側面の問題が引き起こされてしまうという点が指摘されるようになったのである。(3)

4　課題解決の方法

これらの問題を解決するために、各方法が提案・実行されることになる。組織の要請と個人の欲求との不調和の解決には、伝統的な管理方法の修正が提案されることになった。即ち、職務拡大や現実中心的リーダーシップ（Argyris, 1957, pp. 175-208. 邦訳、二六五―三一六頁）、権力を統治される側に一層委譲することを可能にする組織構造・リーダーシップ・人員配置計画・職務設計・管理統制・雇用と退職等の改善が提案された（Argyris, 1964, pp. 193-271. 邦訳、二五三―三五八頁）。これらの改善により非生産的な防衛活動を減少させ、心理的成功と自己責任の機会を経験する可能性を増大させて個人の成長を促進するとともに、心理エネルギーの増加により組織の入力を増大させ、組織全体の効果性を向上させることが意図された。ただし、ピラミッド型組織を完全に放棄するのではなく、意思決定の種類や従業員の特性に合わせて適切な方法を選択すべきことも主張されたことから、完全な人間中心的組織が志向されていたわけではないと筆者は解釈する。一方、幹部達の価値観から生じた集団ダイナミクスの問題は、組織変革プログラムにより解決が図られることになった（Argyris, 1962, 1965）。ここでは、幹部達の非効果的な価値観が修正され、対人コンピテンスが向上されるように研究者・介入者の支援が展開された。この結果、幹部間で開放的な議論や実験が促進されるようになり、技術的問題を含む、これまでに解決されえなかった問題が解決されるとともに、大勢順応や不信等も減少されることになった（Argyris, 1965, pp. 163-192）。

かくして、個人、組織、課題、解決方法から構成される枠組みに基づいて学説を再構成することにより、各要素が相互に関連づけられた包括的な理論体系をアージリスが構築させていたことが理解されうるのである。

## 四　考　察

### 1　前期学説の研究主題

このような理論体系を構築した背景として、第一に、権力を持った管理者と、権力を持たない労働者という二者の存在を中心にして組織的現象を捉え、民主的な管理の中で労働者達が自らの権力を増大し、より自律的な存在として成長していく一方、組織もその効果性を向上させることができるような、「個人と組織との統合」の課題に彼は焦点を置いていた。権力・権威の分散化や本性的な対人関係についての彼の主張は、共同的権力（power-with）やコンフリクトの建設的な解決としての統合（integration）を主張したM. P. Follet、Y理論に基づく管理を主張したD. McGregor、民主主義を強く志向したK. Lewinと問題意識を共有していたと筆者は考える。

ただし、組織の民主化が容易に実現されることをアージリスは前提としていなかった。良い成果を生み出すと仮定されていた人間関係プログラムが失敗に終わってしまうという問題を指摘し、また、合理的な管理方法である公式組織の原則や、それに影響を受けた幹部の価値観によっても問題が悪化させられることを彼は指摘していた。このような「意図せざる結果」に伴う問題を解明して解決することも主題の一つであったと筆者は考える。

しかし、大勢順応や部門中心主義のような政治的な機能障害を不可避なものと捉えるような主張に彼は同意しなかった。(4) このような現象は、公式組織の原則や幹部達の価値観によって引き起こされるため、これらを変えることができれば、この機能障害を解決できると彼は考え、自らも介入活動に従事してきていたと筆者は考える。

## 2 アージリス前期学説の経営学的意義

前期学説の経営学的意義として、第一に、その理論体系が内包する全体性・複雑性を包含させた概念的枠組みが現在の諸研究の模範となりうることを筆者は指摘する。例えば、個人を捉えるために、一九五〇年～一九七〇年代初頭の間に彼が活用した諸概念、パーソナリティ、自己実現、心理的成功、コミットメント、心理的契約、防衛的反応等は、現在の諸研究においても中心的な役割を果たしてきている。しかし、現在の諸研究は、それらの中の特定概念だけに焦点を当て、個人の複雑性・全体性を十分に捉えていないという傾向を筆者は見出している。例えば、Beatty, Huseild, and Schneier (2003) やUlrich (1997) による戦略的人事管理の諸研究においては、人的資源管理と事業戦略との適合が強調され、事業戦略に直接的に貢献しうるような個人の側面、即ち、コンピテンシー、コミットメント、意欲・能力等のそれぞれに焦点が置かれることに留まり、自己概念・心理的成功・防衛性等の複数概念の相互関係性から理解されうる人間行動の全体性・複雑性の観点が十分に捉えられていない。個人の心理的側面を十分に考慮せずに事業戦略と人間行動との適合を性急に求めるならば、このような意図は、個人を防衛的に反応させて新たな順応行動を引き起こし、個人と組織の新たな不調和を生み出してしまう恐れがある。こうした問題を避けるために、現在の研究姿勢を反省し、全体的かつ複雑な個人行動を十分に捉えうるような適切な概念的枠組みを発展させる必要があり、こうした点でアージリス前期学説は模範となりうるのである。

第二に、アージリス前期学説における課題解決の諸提案と、現在の諸研究による諸提案との間の類似性は、民主的な組織・管理の具現化という観点における経営理論・実践の累積的発展そのものとそれへの志向についての不十分さを表面化させうる。例えば、Conger and Kanungo (1998) や Beatty and Ulrich (1991) によるエンパワーメントを重視した諸提案と、アージリス前期学説とは、公式組織の原則によって個人が自らの欲求を満たすことができない労働環境を批判し、個人がより多くの権力を有し、自発的に行為できるよう援助できる組織・管理のあり方を共通して提案している。このような両者の類似性は二つの疑問へと筆者を導く。第一に、組織民主化の方法が一九六〇年代に提案されていたにもかかわらず、多くの組織において公式組織の管理方法が現在も維持され、民主的管理が十分に展開されていないのは何故か、という疑問と、第二に、このような現状にもかかわらず、民主的管理法がエンパワーメントを始めとする新しい概念で再提案され続けているのは何故か、という疑問である。また、沼上（二〇〇三）のように分権化に疑問を呈し、それらによる意図せざる結果に注目するような主張も現在ではなされてきているが、こうした問題点もアージリスは指摘していたのである (Argyris, 1962, pp. 47-49. 邦訳、四七—五〇頁)。かくして、アージリス前期学説を再検討することにより、民主的な組織・管理の具現化という観点から、経営理論・実践の累積的進歩や志向の在り方に疑問が呈されることになる。現在の理論・実践に対するこうした批判性を持ったアージリス前期学説の潜在能力にこそ、現在の経営学に対する最大の意義を筆者は見出している。この課題は、現在・未来の経営学者の探究すべき課題として存在していると筆者は考えるのである。

3　批判的考察

こうしたアージリス前期学説の課題として、第一に、組織の設計者達が公式組織の管理方法を選択する理由が十分に探究されていなかった点が指摘される。非効果的な、意図せざる結果を生み出すような組織が最初に設計され、その後も設計され続けるのは何故か、という疑問に前期学説は十分に回答していない。[5]この点は、その後のアージリス自身による組織的学習理論の中で洞察されていくことになる。第二に、技術的合理性の過度の強調が対人的合理性を減少させてしまうという観点が強調されたため、技術的合理性が対人的合理性を向上しうるという、逆の学習転移の可能性が十分に探究されなかったという課題が指摘されうる。第三に、組織側のコントロールに対する従業員の反抗、それに対する管理者の反応、といったように実践が変容し、再構築されていく動態的・具体的な変容過程を一九五〇年代に明らかにした先見性を筆者は認める一方で、変容の否定的な側面に焦点を置き、肯定的な側面を十分に探究していなかった点を筆者は批判する。管理者達によって一方的にコントロールされた労働環境の中でも、例えば、仕事を通しての他者（同僚・顧客等）との相互関係の中で従業員が心理的成功を経験し、自尊意識を高めうることや、問題解決を促進するような非公式の集団の中で個々人が成長していくこともできるのである。かくして、これら三つの課題をアージリス前期学説に筆者は見出すのである。

## 五　おわりに

個々人の成長や組織・管理の民主化と、経営の効果性向上との両方を実現することを目指して発展されたアージリス前期学説は、現在の経営学に対しても十分な意義を有している。現在の経営学者・実践家は、アージリスのこうした努力を引き継ぎ、さらに発展させていく必要があると筆者は結論づけるのである。

**注**

（1）個人と組織の統合を強調した一九五〇年〜一九七〇年代初頭までを前期学説、一九七〇年代初頭〜現在までの組織的学習理論を後期学説として筆者は分類する。

（2）ただし、混合モデルは、組織に加えて、個人の精神的健康を表す概念であることに留意する必要がある。

（3）Argyris, 1965, p. 193. 対人的コンピテンスの低さがイノベーションを悪化させる主要因として捉えられている。

（4）Argyris, 1962, pp. 49-50. 邦訳、五〇頁。J. March が合理性を制約する活動として指摘した要因（会社内部の派閥争い、不確実性の回避、問題の徴候の「周辺で」当面の代替を捜すこと）を可変要因として捉えることをアージリスは主張した。

（5）Argyris, 1964 の Transaction Edition に対するイントロダクションの中で、ピラミッド構造の人間に対する否定的な結果は、人間の重要な特徴についての組織設計者の注意により部分的に引き起されていることが指摘されている。

**参考文献**


Argyris, C., *Personality and Organization*, New York: Harper, 1957.（伊吹山太郎・中村　実訳『組織とパーソナリティー—システムと個人の葛藤—』日本能率協会、一九七〇年。）

Argyris, C., *Interpersonal Competence and Organizational Effectiveness*, Irwin-Dorsey Press, 1962.（高橋達男訳『対人能力と組織の効率』産業能率短期大学出版部、一九七七年。）

Argyris, C., *Integrating the Individual and the Organization*, New York: John Wiley & Sons, 1964.（三隅二不二・黒川正流訳『新しい管理社会の探求』産業能率短期大学出版部、一九六九年。）

Argyris, C., *Organization and Innovation*, Wiley & Sons, 1965.

Beatty, R. W., Huseild, M. A., and Schneier, C., "New HR Metrics: Scoring on the Business Scorecard," *Organizational Dynamics*, Vol. 32, No. 2, 2003, pp. 107-121.

Beatty, R. W., and Ulrich, D. O., "Re-Energizing the Mature Organization," *Organizational Dynamics*, Vol. 20, No. 1, 1991, pp. 16-30.

Conger, J. A., and Kanungo, R. N., "The Empower Process: Integrating Theory and Practice," *Academy of Management Review*, Vol. 13, No. 3, 1998, pp. 471-482.

沼上　幹「組織現象における因果的連関・信念・反省的学習：組織の分権化を題材として」『組織科学』第三七巻二号、二〇〇三年、四—一六頁。

Ulrich, D. O., *Human Resource Champions*, Boston, Harvard Business School Press, 1997.（梅津祐良訳『MBA の人材戦略』日本能率協会マネジメントセンター、一九九七年。）

# 十　経営戦略論の新展開における「レント」概念の意義について

石川伊吹

## 一　はじめに

経営戦略論において、一九八〇年代半ば以降、企業が獲得する「レント（rent）」の源泉として企業が持つ諸資源やケーパビリティの役割に着目する研究、すなわち「リソース・ベースド・ビュー（resource-based view, 以下RBV）」という分析視角が台頭してきた。このＲＢＶ研究の嚆矢として位置づけられるのが、ワーナーフェルト（Wernerfelt, 1984）[1]とルメルト（Rumelt, 1984）である。とりわけルメルト（1984）は、なぜ、ある企業は競争優位を獲得し、ある企業はそれができないのか、という経験的な現象を説明するために、企業が持つ生産的な資源はそれぞれ本質的に異なっており、かつその効率性（efficiency）の差異によって「レント」が生じるならば、その「レント」は生産的資源の「不確実な模倣可能性（uncertain imitability）」によってもたらされる、という認識を理論的に定式化した。彼は、この「不確実な模倣可能性」によって競争や模倣を制限する現象を「隔離メカニズム（isolating mechanism）」と呼び、このメカニズムが企業の競争優位を安定的なものにするという。

そもそもこの「レント」概念は、リカード（Ricardo, 1817）によって展開された概念である。彼によれば、土地という生産要素はその供給において非弾力的であり、かつその肥沃度は土地によって様々であることから、収穫物の需要が十分にあるときには、その価格は肥沃度の最劣等地の生産効率によって決まり、他方でそれが高い肥沃度の土地では、平均以上の余剰利益が生まれることになり、これを彼は「レント」と呼んだ。

経営戦略研究へのアプローチは、ルメルトによるこの「レント」概念の導入をひとつの契機として、それまで主流であった戦略研究へのアプローチ、すなわち、産業組織論の「S－C－Pパラダイム」に基づいて企業の競争優位を説明する「ポジショニング・アプローチ」から、企業の競争優位をその内部の諸資源や能力に基づいて説明するという新たなアプローチへと転換した。

しかし現在までのところ、経営戦略論の理論的な発展において、この「リカード・レント」という概念がどのような学説上の意義を持っているのか、という論点については解明がなされていない。

そこで本稿は、この課題について経営戦略論の学説的な整理を通じて取り組むものである。

## 二　初期の経営戦略論

経営戦略論は、一九六〇年代のチャンドラー（Chandler, 1962）の研究 *Strategy and Structure*（邦訳名『組織は戦略に従う』）を端緒として誕生し、アンゾフ（Ansoff, 1965）の研究 *Corporate Strategy*（邦訳名『企業戦略論』）やアンドルーズ（Andews, 1971）の研究 *The Concept of Corporate Strategy*（邦訳『経営戦略論』）によって展開された戦略分析のフレームワークに基礎づけられた。アンドルーズは、（1）企業の持つ「強み（strength）」と「弱み（weakness）」、（2）企業環境の「機会（opportunity）」と「脅威（threat）」を評価し、後に、「SWOT分析」と称されるようになった企業戦略の分析フレームワークを提供した。彼は、ある企業の成功はそれが持つ「強み」とその環境における「機会」との適合性にある、ということを強調している。一方、アンゾフは企業内の「ケーパビリティ」を評価し、そのケーパビリティとのシナジー効果を視野にいれた製品-市場戦略における規範的戦略プラン、すなわち、彼がいうところの「最終到達点への道筋（邦訳、三〇頁）」を探る戦略分析のフレームワークを提供した。

彼らの二つの成果を出発点に一九六〇年代半ば以降、企業の戦略論研究は企業の内的な要因と外的な要因との間の適合問題を巡って展開されてきた。とりわけ、この適合性の分析フレームワークはアンゾフの研究成果を中心に全社レベルの戦略プランニング研究（Steiner, 1969; Hofer and Schendel, 1978）、という形で結実していった。この頃、経営戦略論の焦点は企業の規範的な全社的戦略プランニングの分析フレームワークを精緻化することに当てられていたのである。

ところが、この状況は劇的に変化していった。一九七〇年代半ば以降、著しく激化していく国際競争や技術革新が、多くの企業の長期的な行動計画や予測を困難にしていったのである。加えて、企業の過度な戦略プランニングが、実行と計画を引き離し、戦略の機能不全をもたらすことになってしまったのである。

さらに重要なことは、戦略プランニング研究が、「競争優位」を理解するうえで不十分なものであった点である（Barney, 1991, p. 105; Rumelt, Schendel and Teece, 1995, pp. 20-21）。企業は、激しい経営環境の変化において、競合他社との厳しい競争に生き残らなければならない（Poter, 1980）。こうして戦略論の焦点は、一九七〇年代後半から一九八〇年代半ばを通して、戦略プランニング研究を見直し、企業がいかにして競争優位を確保するのか、という点を明らかにすることに当てられることになった。

## 三　経営戦略論における競争優位概念の展開

経営戦略論は、一九八〇年における *Strategic Management Journal* および *Journal of Business Strategy* 各誌の刊行を境に飛躍的に進展していくが、同時期にポーター（Poter, 1980）の研究 *Competitive Strategy*（邦訳『競争の戦略』）が経営戦略論に与えた影響は極めて大きい。彼は、ある産業内で企業が獲得する潜在的な収益性が「新規参入の脅威」、「買い手の交渉力」、「代替品の脅威」、「売り手の交渉力」、「業者間の敵対関係」に規定されるという「五つの競争要因モデル」という戦略分析のフレームワークを展開した。彼のこの「五つの競争要因モデル」は経済学の産業組織論における「S-C-Pパラダイム『産業構造（structure）』、『行動（conduct）』、『成果（performance）』」に基づいたものである（Poter, 1980, 1981）。

このパラダイムでは、「市場における企業のパフォーマンスは決定的にその企業が競争する業界構造に依存する（Poter, 1981, p. 610）」。したがって、企業行動は産業内の企業の数や垂直統合の度合い、参入障壁の有無などの諸要因によって規定されるものと見なされる。一方で、このパラダイムの重要な経済学上のインプリケーションは、企業が享受するどんな優れたパフォーマンスも社会的厚生に対しては反対的効果しか生まない非競争的行為である、というものであるが、他方でポーター（1981）にとっては、このパラダイムが、「産業における競争の本質を評価する上で、体系的なモデルを提供する（p. 611）」だけでなく、それを戦略的に解釈することによって、有益な戦略フレームワークの形成につながるものであった（p. 616）。すなわち、持続的に優れたパフォーマンスを追求する企業は、むしろ不完全競争の産業においてのみ操業することを好むのであり、この視点から「S-C-Pパラダイム」を捉え直すことによって優位性のある戦略策定が可能になるとポーターは考えたのである。

そこで、「ある企業の競争戦略のゴールは、業界構造の競争要因からうまく身を守り、自社に有利なようにその要因を働かせる位置を業界内に見つけることである（Poter, 1980, p. 5)」。ポーターによれば、企業の成功はこのポジションを通じて産業平均よりも高い収益性を獲得することであり、彼はこの「産業平均よりも高い収益性」を「競争優位」と呼んだ（pp. 5-6)。そして、この「競争優位」は三つの基本戦略、すなわち、「コスト・リーダーシップ」、「差別化」、「集中」のいずれかを通じて実現すると彼は主張したのである。

しかし、ポーターが依拠した産業組織論の「S-C-Pパラダイム」は、彼の置いた期待感とは裏腹に、エンピリカルな検証に対して多くの困難に直面していた。彼が重視した産業構造と企業の収益性との間の関係は、不確実なものであることが判明していったのである（Demsetz, 1973; Rumelt, 1987)。とりわけ、デムゼッツ（Demsetz, 1973）は、産業内における高い集中度が企業の過去からの効率性の結果であり、それが経済的レントを生み出しているかもしれず、必ずしも独占だけが企業に高い利潤をもたらしているわけではないことを明らかにしたのである（pp. 1-9)。彼はここで、企業は様々な理由である種の古典学派が展開した「レント（superior land of classical economic rent)」を獲得する、と指摘している（p. 4)。彼のこの研究における重要なインプリケーションは、ある産業内の企業間の収益性の差異が、企業の効率性の差異に起因するかもしれない、ということである。この点において、「S-C-Pパラダイム」は、特に、（1）ある産業内の企業が支配する資源や追求する戦略において企業は同質である、（2）この産業で発展する資源は同種のものである、という諸前提を持つ（Barney, 1991, p.100）と考えられるため、同一産業内の企業の収益性の差異を説明できない、という限界がある（Rumelt, 1984, p. 560)。さらにこのアプローチは、戦略に必要な資源を識別したり、開発したりすることには関心がない（Teece, Pisano and Shuen, 1997, p. 514)。

そこで経営戦略論は、デムゼッツによって明らかにされた産業組織論研究のインプリケーションを経営戦略論の分野に引きつけながら、ポーターの戦略研究における到達点、[2]すなわち、競争優位概念を一歩進めて、なぜ、いくつかの企業は他の企業よりも高いパフォーマンスを実現するのか、換言すれば、競争優位の源泉を解明するために各企業間の内部資源の特殊性に着目していくことになったのである。

## 四　経営戦略論の新展開とレント概念の意義

デムゼッツの研究を経営戦略論の中に発展的に摂取し、各企業間の内部資源の違いに着目することから企業の戦略論を分析するフレームワークを展開した最初の研究者は、ルメルト（Rumelt, 1984）であった。[3]ポーターが、経済学の産業組織論と経営戦略論の間のひとつの架け橋となったように、彼もまた、経済学に理論的支柱を求め経営戦略論を進展させていった。

### 1　ルメルトの所説とリカード・レント概念

ルメルト（1984）は、新古典派経済学の企業の理論に依拠しながらも、そこに介在する諸前提を発展的に緩めることによって、なぜ、ある企業は競争優位を獲得し、ある企業はそれができないのか、という経験的な現象の分析に取り組んだ。

新古典派の企業の理論では、認識可能な生産関数によって企業行動を決定し、完全情報による模倣的行為がすべての企業の効率性を均衡させる。ルメルトはこの新古典派のモデルに依拠しながらも彼が提示したモデルにおいて、企業の生産関数の決定が「不確実性」という要因によって影響を受け、それによって参入や拡大計画がそれぞれ企業ごとに大幅に異なるという前提を定式化する。このモデルの産業内には様々な効率性を持った企業が存在することになる。ルメルトは、この産業でも新規参入が継続する限り、価格は下がり非効率なコスト関数を持った企業は撤退することになるという価格理論の前提を置く。すると、彼が提示したモデルでは、ある潜在的な参入者が参入を見送る均衡点においても、その産業には均衡価格で存続可能なぎりぎりのコスト効率を持った企業から、それ以上のより高いコスト効率性を実現している企業まで、様々な効率の企業が存続することになる。したがって、この産業では均衡価格で存続可能なぎりぎりのコスト効率以上の効率性を実現している企業に対して、平均以上の余剰利益、すなわち「レント」が発生していることがモデル化される。

ルメルトは、この「レント」を生み出す高いコスト効率が生産関数の「不確実な模倣可能性（uncertain imitability）」によってもたらされると主張する（pp. 562-566）。なぜなら、「不確実性」はそれぞれの企業の生産関数に異質性をもたらし、他の企業の模倣を通じた同質化を回避させるからである。そしてもしそうであるならば、ある企業が獲得する競争優位は、既存の企業が模倣することを困難にする特殊な資源や能力を持っているということに起因すると特定できる。彼はこの「不確実な模倣可能性」によって、ある特定の企業に「レント」をもたらすメカニズムを「隔離メカニズム（isolating mechanism）」と呼んだ（p. 566）。

特に、ルメルトは他の企業からの模倣を隔離するメカニズムとして、企業が持つ資源や「特殊な資産」、例えば「パテント」、「評判」、「トレード・マーク」、「ブランド・イメージ」、そして「チームに具現化されたスキル」などをあげ、それらが企業の競争優位を安定的なものにすると主張した（p. 567）。

ルメルトのこの主張は、ある産業における企業の収益性の差異は供給の制限された優れた特殊な生産要素の存在を反映したものであることを意味している。つまり企業の高い収益性は、他の企業では持つことのできない、あるいはより正確にいえば、模倣することのできないある特定の企業に固定的な優れた生産要素から達成されるのである。そしてこれはまさに、リカード（Ricardo, 1817）が展開したレントの議論と同質のものである。かつて彼は農産物の生産において、なぜレント（地代）が発生するのか、という問題に対して次のような説明を与えた。

「専ら、土地が量において無限ではなく質において均一でないからであり、かつ人口の増殖について質の劣等な又は位置の便利の劣る土地の耕作が漸次耕す必要に迫られてくるからである。社会が次第に進歩発達してきて、豊度第二級の土地の利用の耕作が開始される時には、質の第一級の土地に早速レントが出現し、このレントの額の多少はこれら両地の質の差如何による（Ricardo, 1817, 邦訳五六頁）。」

換言すれば、土地という生産要素はその供給において非弾力的であり、かつその肥沃度は土地によって様々であることから、収穫物の需要が十分にあるときには、その価格は肥沃度の最劣等地の生産効率によって決まり、他方でそれが高い肥沃度の土地では、平均以上の余剰利益が生まれることになる。この余剰利益がリカードのいう「レント」なのである。

実際にルメルト（1987）が、「高収益の源泉が、企業の資源の束にあるならば、収益の概念としてはレント概念を用いることが適切である（Rumelt, 1987, pp. 141–142）」と述べているように、彼はこのレント概念を基礎にして企業の競争優位分析を可能ならしめたのである。なぜなら、このリカード・レントは新古典派のミクロ経済学で扱うレントとは異なるからである。新古典派の世界では、レントは希少な要素（資源）に属するが、その要素（資源）は完全に取引可能なものとして扱われている。つまり、レントは企業のコストとして含まれるのである。これは新古典派のいうところの利益ゼロの定式化である。

しかし、ルメルトが強調してきたような、企業特殊的資源、すなわち、企業が持つ資源や「特殊な資産」、例えば「パテント」、「評判」、「トレード・マーク」、「ブランド・イメージ」、そして「チームに具現化されたスキル」などは、それらを持つある特定の企業の要求にのみ応えるような企業特殊的要素であるために、その要素の取引可能性は低い。つまり、それら特殊な資源は市場の失敗を仮定しているのである。

したがって、ある企業に特殊的で、固定的な生産的要素から生じるレントは新古典派のいうレントではなく、あくまでもリカードが提示した意味での平均以上の余剰利益なのである。かくして、ルメルトにとって競争優位とは、リカード・レントの確保であり、それは企業内部の「隔離メカニズム」に内在する特殊な資源や資産からもたらされるのである。

2　リカード・レント概念の意義と今後の研究課題

ここまで観察してきたように、現代企業がなぜ競争優位を確保することができるのか、という経験的な問題は、ルメルトの立場からすれば、ある企業は他の企業による模倣や競争を制限する企業特殊的資源や能力を持ち、それらが「レント」を生み出すという意味において理解されるのである。彼の主張の核となるのは、まさにかつてリカードが展開した「レント」概念、すなわち、肥沃度の高い土地など、その供給において非弾力的な資源を排他的に所有することによって獲得する「レント」と同じ性質を持つものであった。彼は、これまでの経営戦略論では解明していなかった企業間の収益性の差異がどこから生じるのか、という経営戦略論上の空白を、「リカード・レント」概念の導入によって埋め、「競争優位」の源泉が企業の内部にあることを明確化したのである。ここにルメルトによる経営戦略論の新展開の意義がある。

ＲＢＶによる経営戦略論は、現在、発展途上にある。それは競争優位の源泉として、「資産」、「資源」、「コア・コンピタンス」、「組織ケーパビリティ」、「ケーパビリティ」、「スキル」など、企業が持つ特殊な内部資源に着目し、それら諸概念に基づいて競争優位の理論フレームを組み立てている（Barney, 1991；Peteraf, 1993；Teece Pisano and Shuen, 1997)。また、各理論フレームに見られる従属変数としてのレント概念には、マーシャルに基づく「準レント」概念も見られる。加えて、リカード・レント概念を基礎におくＲＢＶが極めて「静的」なものである、という批判から、より「動的」視点でレントの現象を捉える「企業家レント」または「シュムペーター・

レント」などの諸概念が提案されてきている（Rumelt, 1987; Peteraf, 1993; Amit and Schoemaker, 1993）。したがって、各理論フレームは多様なものであり、諸学説の間の関係も不明確なままである。このような戦略論における諸学説間の関係性の不明確な理論状況を克服することが当面の研究課題となるであろう。

## 五　おわりに

本稿の狙いは、経営戦略論のＲＢＶの発展において「レント」という経済学的な概念が導入されたことによる学説上の意義について、経営戦略論における諸学説の整理を通じて明確化することであった。

ポーターは「Ｓ－Ｃ－Ｐパラダイム」に依拠しながら競争優位分析を企業の外部環境に求めた。彼にとって競争優位の確保とは、ある企業が業界構造の競争要因からうまく身を守り、自社に有利なようにその要因を働かせる位置を業界内に見つけることであった。しかし、彼の初期の研究では同一産業内の企業間の収益性の差異がどこから生じるのか、換言すれば、企業の競争優位の源泉はどこにあるのか、という点については十分に解明されていない。経営戦略論の発展においてルメルトが果たした役割は大きい。彼は、新古典派経済学の企業の理論に依拠しながらも、そこに介在する完全情報などの前提を発展的に緩めることによって、なぜ、ある企業は競争優位を獲得し、なぜ、別の企業はそれができないのか、という経験的な現象の理論分析を行った。彼は、産業内の企業間の収益性の差異がどこから生じるのか、すなわち、競争優位の源泉を解明する上で決定的に重要なのが、「リカード・レント」を生み出す企業内部の特殊な資源や資産である、ということを明らかにしたのである。この見地が同時に、ＲＢＶの源流のひとつを形成しているのである。

**注**

（1）「リソース・ベースド・ビュー（resource-based view）」という用語を初めて用いたのはワーナーフェルト（Wernerfelt, 1984）であるが、彼自身が指摘するように、彼の一九八四年の研究は、ルメルトの同時期の研究と比べてほとんど注目されていなかった（1995, p. 171）。

（2）他方で、ポーターは彼の戦略論のもう一つの柱として、「移動障壁」という戦略フレームを提示している（Poter, 1980）。しかし、このフレームワークは、「戦略グループ」という戦略ごとに異なるグループを分析単位としており、ある企業が属するグループ内では、企業はみな同質なものであると暗黙的に前提づけられている。そのため、このフレームワークはグループ内の個別企業間の収益性の差異を説明するうえで、まだ尚不十分なものである。

（3）デムゼッツ（1973）は、企業が様々な理由である種のレントを獲得する、という主張を独占禁止法に対するある種のアンチ・テーゼとして展開したが、後にこの主張がＲＢＶ研究へ大きなインスピレーションを与えたのである。

**参考文献**


Amit, R. and Schoemaker, J. H., “Strategic Assets and Organizational Rent,” *Strategic Management Journal,* Vol. 14, 1993, pp. 33-46.

Andrews, K. R., *The Concept of Corporate Strategy,* Homewood, Dow Jones-Irwin, 1971.（山田一郎訳『経営戦略論』第二版、産業能率短期大学出版部、一九七七年。）

Ansoff, H. I., *Corporate Strategy,* McGraw-Hill, 1965.（広田寿亮訳『企業戦略論』産業能率大学短期大学出版部、一九六二年。）

Barney, J. B., “Firm Resources and Sustained Competitive Advantage,” *Journal of Management,* Vol. 17, No. 1, 1991, pp. 99-120.

Barney, J. B. and Arikan, A. M., “The Resource-based View: Origins and Implications,” In Hitt, Freeman, and Harrison (ed.), *The Blackwell Handbook of Strategic Management,* Blackwell Publishers, Ltd, 2001.

Demsetz, H., “Industry Structure, Markets Rivalry, and Public Policy,” *Journal of Law and Economics,* Vol. 16, 1973, pp. 1-9.

Hofer, C. W. and Schendel, D., *Strategy Formulation: Analytical Concepts,* West Publishing Company, 1978.

Mahoney, J. T. and Pandian, J. R., “The Resource-Based view within the Conversation of Strategic Management,” *Strategic Management Journal,* Vol. 13, 1992, pp. 363-380.

Peteraf, M., “The Cornerstone of Competitive Advantage: A Resource-based Views,” *Strategic Management Journal,* Vol. 14, 1993, pp. 179-191.

Porter, M. E., *Competitive Strategy: Techniques for Analyzing Industries And Competitors,* The Free Press, 1980.（土岐坤他訳『新訂競争の戦略』ダイヤモンド社、一九九五年。）

——, “The Contributions of Industrial Organization to Strategic Management,” *Academy of Management Review,* Vol. 6, No. 4, 1981, pp. 609-620.

Ricardo, D., *On the Principles of Political Economy and Taxation,* London : John Murray, 1817.（竹内謙二訳『経済学及び課税の原理』東京大学出版会、一九七三年。）

Rumelt, R. P., "Toward a strategic theory of the firm," In R. Lanmb (ed.), *Competitive Strategic Management,* Prentice-Hall, 1984, pp. 556-570.

——, "Theory, Strategy and Entrepreneurship," In David J. Teece (ed.), *The Competitive Challenge : Strategies for Industrial Innovation and Renewal,* Ballinger Publishing Company, 1987, pp. 137-158.

Rumelt, R. P., Schendel, D. and Teece, D. J., *Fundamental Issues in Strategy,* Harvard Business School Press, 1995.

Steiner, G. A., *Top Management Planning,* Macmillan, 1969.

Teece, D. J., Pisano, G. and Shuen, A., "Dynamic Capabilities and Strategic Management," *Strategic Management Journal,* Vol. 18, 1997, pp. 509-533.

Wenrnerfelt, B., "A Resource-based View of the Firm," *Strategic Management Journal,* Vol. 5, 1984, pp. 171-180.

——, "A Resource-based View of the Firm : Ten years after," *Strategic Management Journal,* Vol. 16, 1995, pp. 171-174.

# 十一　経営における意思決定と議論合理性
## ――合理性測定のコンセプト――

宮田将吾

## 一　はじめに

近年の企業をとりまく環境は非常に複雑であり、同時に動態的でもある。とりわけヨーロッパ地域においては、ＥＵの拡大という事実に、その顕著な例を認めることができる。そのような変化の激しい環境において企業を存続させていくためには、企業のトップ・マネジメントの果たす役割がますます重要となってくるが、その役割の一つとして、組織形成問題が挙げられる。

経営組織論の分野では、この組織形成問題に対してさまざまな方向から取り組まれてきており、それらの理論に基づくことによって、トップ・マネジメントは組織形成という意思決定問題を解決することが可能なのである。しかしながら、その意思決定が本当に合理的であるのか、合理的であるとすれば、どれほど合理的であるのかという問題がまだ残されている。従来、「合理性」を判断する際には、「合理的・非合理的」という二分法に基づくことがほとんどであったが、合理的とみなされるものが、どの程度合理的であるのかということを判定することも必要であると考える。

そこで本稿では、意思決定の合理性に関してアクセル・フォン・ヴェルダー（v. Werder, A.）が提示している議論合理性という概念を検討し、その測定コンセプトを考察してみたい。

## 二　「議論合理性」概念の特徴

フォン・ヴェルダーは合理性の測定コンセプトとして「Argumentationsrationalität」という合理性概念を構築している。本来、「Argumentation」という語は「論拠を示すこと」「論証」「立論」という意味を有しているが、後述の通り、議論合理性の概念においては、トゥールミン（Toulmin, St.）の理論が根底におかれている。その理論では「Argumentation」という語を議論と訳すことが一般的であるため、「Argumentationsrationalität」を議論合理性と訳すことにした。したがって、ここでいう議論とは単なるディベートやディスカッションとは異なり、主張に対する論証や立論を行うことによって結論に至るような言動を意味している。以上を踏まえ、議論合理性の測定コンセプトを簡単に説明すると、議論における論証プロセスがいかに合理的であるのかということを測定するコンセプトであるということができる。

その議論合理性の概念を検討する前に、「合理性」について考察し、それに基づいて、議論合理性という概念を明らかにしたい。

さまざまな合理性概念を検討すると、それらに共通するものとして、「目標達成のための目標志向的な手段の利用」という考え方があるが、その定義は厳密ではない。つまり、合理的かどうかは状況によって異なるものであり、したがって合理的かどうかの判断は、どのような主観的観点や客観的観点がとられ、行為や目標がどのよう

**図1　議論合理性の概念的特徴**

| 合理性の次元 | | | |
|---|---|---|---|
| 方法 | 分析的 | | 綜合的 |
| コメント | 必要のないもの | 信頼のおけるもの | 戦術的なもの |
| 目標 | 中立的 | 経済的 | 経済以外 |
| 対象 | 知識 | 行為 | 価値 |
| 主体 | 個人 | グループ | 制度 |
| 基礎 | 絶対的 | 客観的 | 主観的 |

（出所）v. Werder, A.: *Unternehmungsführung und Argunmentationsrationalatät,* S. 104に基づき作成。

な方法で根拠づけられ、説明されるのか、その際にはどのような知識や情報が基礎におかれるのか、そしてどのような目標を志向しているのか、という問題が考察されなければならないのである。

この理由からフォン・ヴェルダーは、図1のように、方法、コメント、目標、主体、対象、基礎という六つの次元から合理性を検討し、議論合理性という概念を定義している。そこで以下では、これらの次元について要点を説明し、その後、議論合理性という概念を明らかにしていきたい[1]。

まず方法に関しては、分析的な方法と綜合的な方法とが区別される。前者は、手段の投入が知的な考慮に基づいて意識的に論拠づけられる場合であり、後者は、手段の投入が直観や感情などに基づいてなされる場合である。

コメントという次元においては、ある行為や目標が選択される理由が、第三者に対して説明・正当化されるのか、されるとすればどのようになされるのか、という問題に関係している。その際、コメントが必要のない場合、コメントが信頼できる場合、そして、コメントが戦術的である場合に区別される。コメントが必要のない場合とは、たとえば直観的に意思決定が下される場合が考えられるが、その場合には、直観に基づいて意思決定が下されるために、当該意思決定に対する理由も存在せず、したがってコメント自体が不必要となるのである。コメントが戦術的である場合とは、たとえば自分が有利になるようなコメントを行うことや、知らないことを知っているかのようにみせかけるコメントを行うことによって、根拠づけがなされるケースが考えられる。

また、経営学における目標に関する議論を取り上げると、その場合、実質的には経済目標と、経済以外の目標に分類することができる。したがって、そのいずれか一方に限定されるのか、あるいはどちらにも限定されないのかということが問題になる。

対象次元に関しては、選択問題が、最適な行為の選択問題、価値の選択問題、および知識基礎の選択問題に区別される。価値の選択問題とは、より上位の目標の実現に対して最適な目標を設定するという問題である。知識基礎の選択問題とは、たとえば、ある行為Aによって、Bという結果が生じるので、目標の実現に最適であると仮定する場合、その仮定が本当に信用できるものであるのか、というような認識上の合理性に関係している。

合理性の主体とは、行為選択や目標設定といった活動を行う単位が問題となる。その単位としては、個人と個人の集合を考えることができる。個人の集合は、さらに、グループと制度とに区別される。

基礎という次元は、合理性の主体がどのような知識や情報の下で行為や目標の選択を行う場合に合理的であるとされるのか、という問題に関係している。その際、その知識や情報の状態にしたがって、完全な情報を意味する絶対的な基礎、限定された情報を意味する客観的な基礎、そしてその時その時に主体が有する主観的な基礎に区別される。

以上、合理性の六つの次元をみてきたが、それでは議論合理性という概念においては、これらの次元がどのように定義されるのであろうか。まず方法に関しては、意識的に考慮された行為や目標のみが議論合理的なものとみなされる。また、コメントについては、偽りのものや知識の欠乏を含む戦術的なものは議論合理的であるとはみなされず、信頼のおけるものでなければならない。また、目標に関しては、議論合理性は中立的である。なぜなら、個々の場合において、その時その時に設定される目標に関する合理性が問題とされるからである。したがって、このコンセプトでは、目標や行為の内容ではなく、その設定方法や選択方法が問題なのである。

さらに、構造化されていないマネジメントの意思決定問題においては、すでに存在している代替案の中から一つを選択することのみが問題であるのではない。つまり、代替案自体を作成することや、その代替案が上位の目標の実現に貢献するのかという知識を論拠づけることも重要となるのである。したがって、このコンセプトの対象としては、行為選択や目標の設定のみならず、その代替案の結果に関する知識の論拠づけも含まれることになる。

また、通常、マネジメント問題は、単独の個人によっては解決することができないほど困難な意思決定問題である一方で、一般的に、必ずしも企業のすべての構成員によって解決されるのではない。したがって、主体に関しては、グループという単位を選択することが適切である。そして基礎次元に関しては、議論合理性のコンセプトにおいては、現実にはあり得ない完全な合理性や、主観的で説得力に欠ける合理性は前提とされていない。したがって、実現可能な客観的基準が必要となるが、その際、人間の能力が限定されているために、現実的な客観的基準としては入手可能な知識の状態が前提とされる。

以上から、マネジメント上の問題解決が議論合理的であるためには、行為や目標に関する意思決定が入手可能な知識の状態に基づいて意識的に論拠づけられ、準備され、そして下されることを必要とし、コメントが必要な場合には、そのコメントが信頼できるものでなければならないのである。

## 三　意思決定準備の段階としての議論の基本構造

次に、議論合理性のコンセプトにおける議論に焦点を当てて検討してみたい。上述のように、議論の構造に関するアプローチとしては、トゥールミンの研究[2]が出発点とされる。その研究では、演繹法や帰納法といった論理の形式的な関係ではなく、主張に対する理由づけに焦点を当て、議論の構造が考察されることになる。

　議論においては、まず主張がなされる。この主張が受容されない場合、主張者に対して「なぜ」という疑問が投げかけられる。それに対して主張者は、自らの主張が論拠づけられているものであることを示す根拠を明らかにしなければならない。しかしながら根拠は必ずしも主張を信用させるものとは限らない。なぜなら根拠が主張を信用させるには十分ではなかったり、弱かったりする

**図2　議論の基本構造**

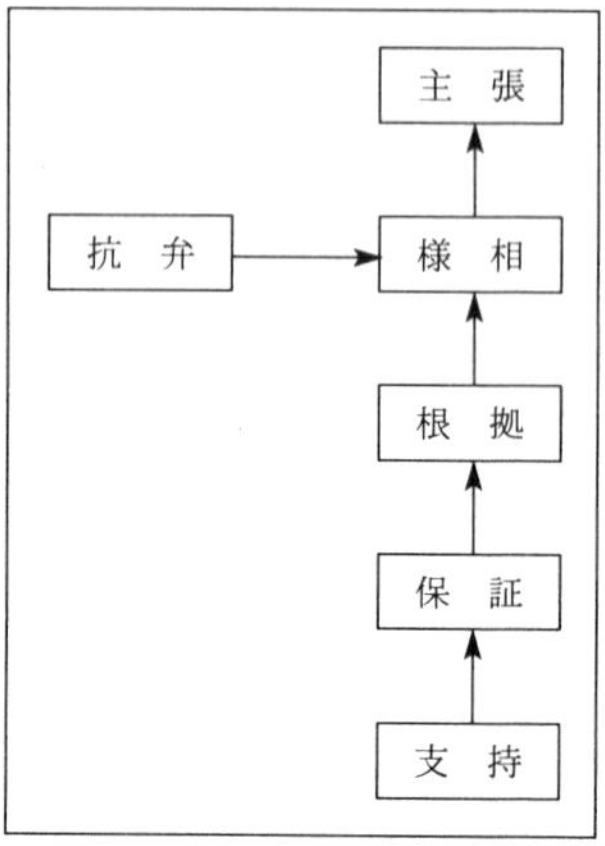


（出所）　Toulmin, St., Rieke, R., Janik, A.: *An Introduction to Reasoning,* p. 98 を参照して作成。

**図3　議論の例**

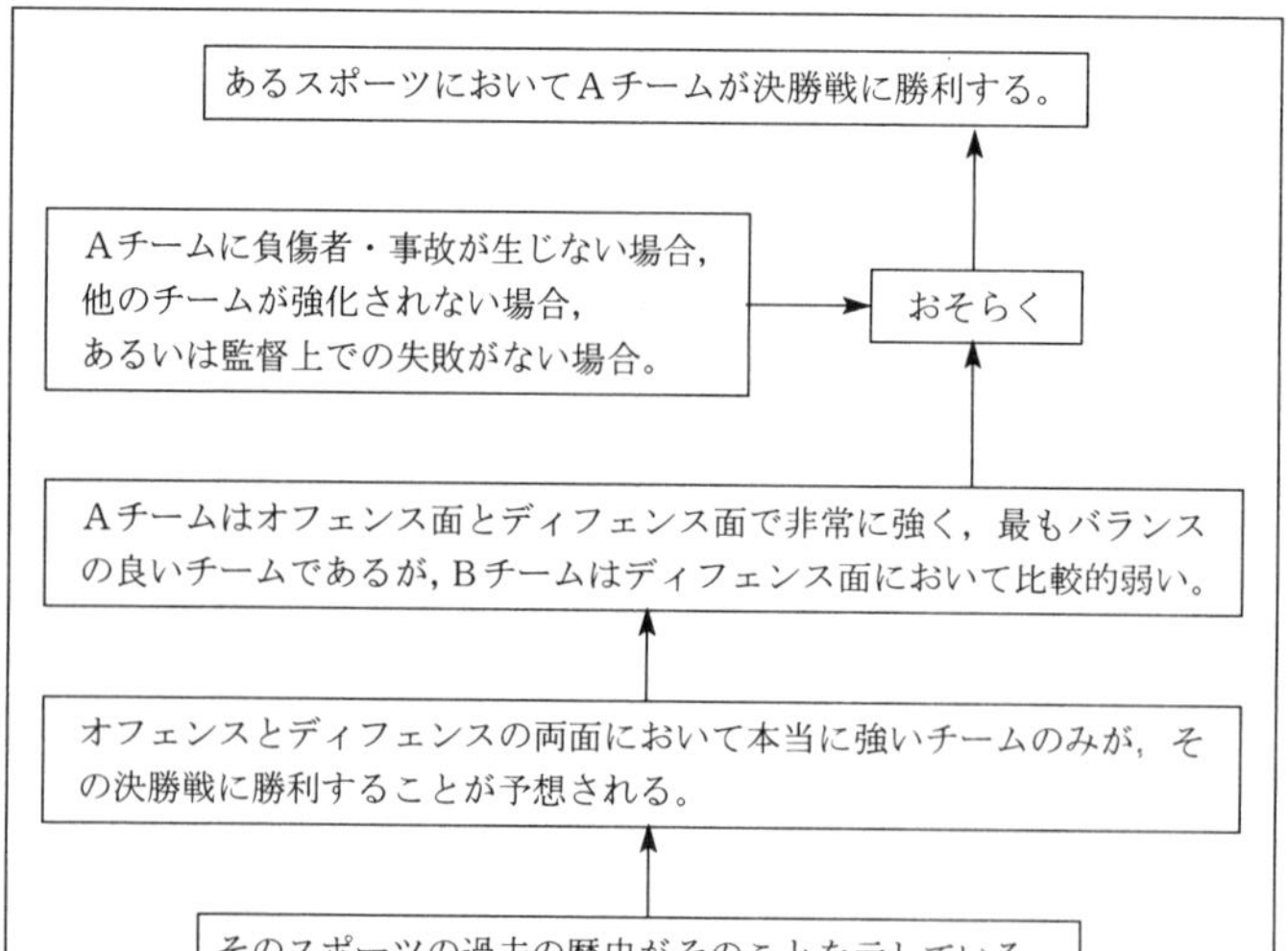
そのスポーツの過去の歴史がそのことを示している。


（出所）　筆者作成。

からである。この場合、その根拠の正当性を示す保証が与えられなければならない。この保証とは、ある特定の状況下では、当該根拠から主張へと向かう推論が妥当であることを示すものである。さらにこの保証が質問者に受容されない場合は、その保証の背景にある情報を説明しなければならない。この情報は支持と呼ばれる。

以上のような経過を経たあとでも、質問者は、提案者による主張が実際にどの程度可能性があるのかについて疑問を抱くことがある。この可能性の程度は様相と呼ばれる。この様相を示す用語の例として、「必然的に」「確実に」「おそらく」などが挙げられる。この段階の次には、質問者は提案者の主張を覆すような異常な事態や例外的な状況に関する疑問を示す。ここで提案者は、自らの主張の本質的な制限や前提を挙げなければならない。議論のこの段階は抗弁と呼ばれる。以上で示した議論の要素を図式化すると図2のように示すことができる。また図3は、議論の一例としてスポーツに関する議論を示したものである。

## 四　議論合理性の測定コンセプト

以上では、トゥールミンの研究における議論の構造を見てきたが、フォン・ヴェルダーは、それに若干の修正を加えながら議論の構造を明らかにしている。(3)

まず、議論自体の説得力としては、議論の構造的側面と実質的側面に焦点が当てられる。構造的側面に関してはトゥールミンの基本構造を土台としているが、主張に対して示される論拠や、その一連の根拠づけが、現実の議論においては一つではなく、複数であり得るという点を修正し、議論の合理性を測定するコンセプトが構築されるのである。この構造的側面は図4において示しているものである。

また、議論の実質的な側面とは議論の質と量に関係している。議論の質は、示される論拠の質とその論拠に基

**図4　議論の構造的側面**

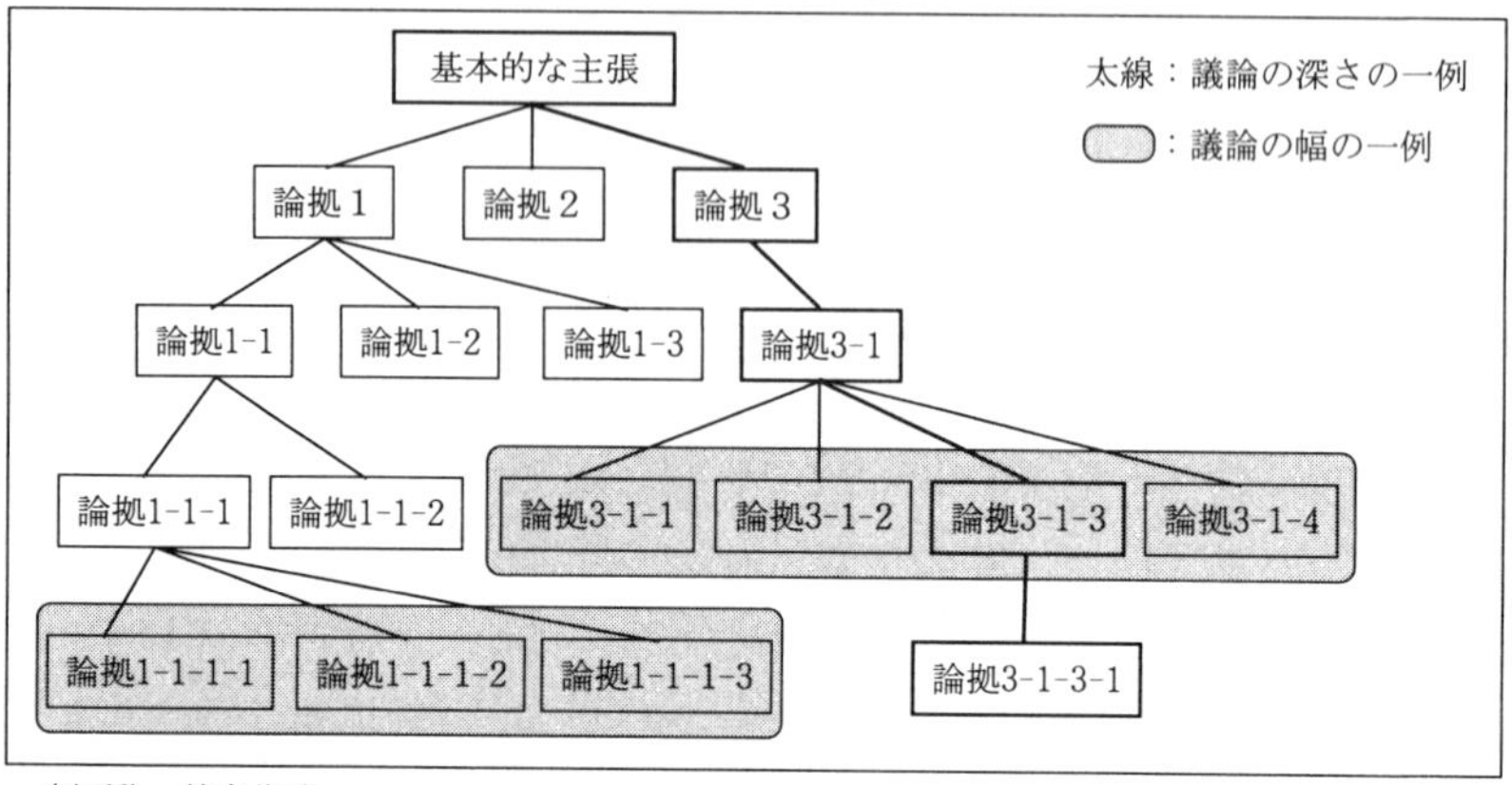


（出所）筆者作成。

づく議論自体の質に関係し、議論の量は、議論において示された論拠の数、賛成論拠と反対論拠の数に主として関係している。しかしながら質に関しては、個々の具体的な状況においてのみ考慮に入れることができるものであり、その理由から、議論合理性の測定のためには、議論の幅、議論の深さ、そして賛成論拠と反対論拠の関係が選択される。そしてこれらに基づき、議論合理性のレベルとして、図5において示している四つのレベルが区別される。これらを説明すると次の通りである。(4)

論拠づけられていない問題解決においては、基本的な主張がなされるのみである。たとえば、「多角化戦略は自社にとって有利であり、それゆえ追求されるべきである」というものである。この場合、主張の論拠が存在せず、正当性が明らかではないので、非合理的である。しかしながらこの主張に対して、「多角化はシナジー効果を実現するのに役立つ」という論拠が示されるならば、この議論は包括的に論拠づけられた問題解決として考えられる。この場合、主張に対する論拠は示されているが、その論拠を支持するためのさらなる論拠が示されていないために、その信頼性は低く、あまり合理的ではない。

さらに、「多角化はシナジー効果を実現するのに役立つ」という論拠に対して、「買収する企業の技術は自社の製品を製造する際にも有

**図５　議論合理性のレベル**

<table>
<tr><td colspan="2">論拠づけられていない問題解決</td></tr>
<tr><td colspan="2">包括的に論拠づけられた問題解決</td></tr>
<tr><td rowspan="3">詳細に論拠づけられた問題解決</td><td>フラット ─ 0 ─ 1 ─ 2 ─ 3 ─ ≧4 ─ 深い<br>3階層以上の詳細な論拠づけが行われた論拠づけのラインの数</td></tr>
<tr><td>狭い ─ 0 ─ 1 ─ 2 ─ 3 ─ ≧4 ─ 広い<br>より高い階層の論拠を支持するために示された論拠が３以上であった回数</td></tr>
<tr><td>偏っている ─ 0 ─ 1 ─ 2 ─ 3 ─ ≧4 ─ 偏っていない<br>考慮された反対論拠の数</td></tr>
<tr><td colspan="2">適格に論拠づけられた問題解決</td></tr>
</table>

（出所）　v. Werder, A.: *Argumentation Rationality of Management Decisions*, p. 679を参照して作成。

用である」という論拠が示される場合、その議論は詳細に論拠づけられた問題解決と考えられる。しかしながら、この問題解決において示される論拠は確実に信頼できる論拠であってはならない。なぜなら、確実に信頼できる論拠が示される時点で、最も合理的なレベルである適格に論拠づけられた問題解決に含められることになるからである。したがって、適格に論拠づけられた問題解決とは、議論において最高に信頼できる論拠が示され、それ以上の議論の必要がない場合として定義される。

通常、マネジメント上の問題の際には、最高に信頼できる論拠は存在せず、他方で、包括的にしか論拠を示さないで意思決定が下されるとは考え難い。したがって、マネジメント上の問題解決は、詳細に論拠づけられた問題解決として示されることが一般的であると考えることができる。その理由からこのレベルが細分化されることになるが、その際に検討されるものが、先述した議論の深さ、幅、そして賛成論拠と反対論拠との関係である。これらに基づいて、議論合理性の測定の尺度が五つに細分化され、議論がフラットであるのか、深いのか、狭いのか、広いのか、そして偏っているのか、偏っていないのかを判定することが可能になるのである。

## 五　ダイムラー・ベンツ社の事例

以上で考察した議論合理性のコンセプトを現実の事例に適用すると、どのような結果に至るのか、次に検討してみたい。図6においてはダイムラー・ベンツの新戦略策定に関する議論を示しているが、フォン・ヴェルダーは議論合理性のコンセプトを用いてその意思決定の合理性を検討している。(5)

一九八〇年代、ダイムラー・ベンツは多角化路線を進むのであるが、それは失敗に終わる。一九九六年の株主総会において、一九九五年の損失が四五億ドルであったことが報告され、中核事業であった自動車産業に再び集中することが明らかにされた。

それでは、このように失敗に至った意思決定はどの程度、議論合理的であったのか。ダイムラー・ベンツ社のトップ・マネジメントにおいてなされた議論では、主張に対してなされている包括的な論拠A1、A2、A3およびA4に対して、追加的に論拠が示されている。したがって、議論合理性の四つのレベルからすると、詳細に論拠づけられた問題解決であるとみなすことができる。また論拠の中で、A4、A24、A43、A242およびA431の五つが反対論拠と分類されるので、尺度上は4という値で示され、偏っていない議論と考えることができる。議論の深さに関しては、詳細な論拠づけの階層が2であり、尺度上では0となり、深い議論がなされていない。そして議論の幅に関しては、A1、A2およびA4という階層での論拠を支持するために、三つ以上の詳細な論拠が提示されているので、この議論は尺度上の3であり、比較的幅の広い議論であると考えられる。したがってダイムラー・ベンツの新戦略策定に関する意思決定は詳細に論拠づけられた問題解決であり、バラン

**図6　新しい戦略の策定に関するダイムラー・ベンツ社の議論**

**変革行為**　：ダイムラー・ベンツ・グループのための新しい戦略の定義
**基本的主張**：ダイムラー・ベンツは統合的なテクノロジー・グループになるべきである。

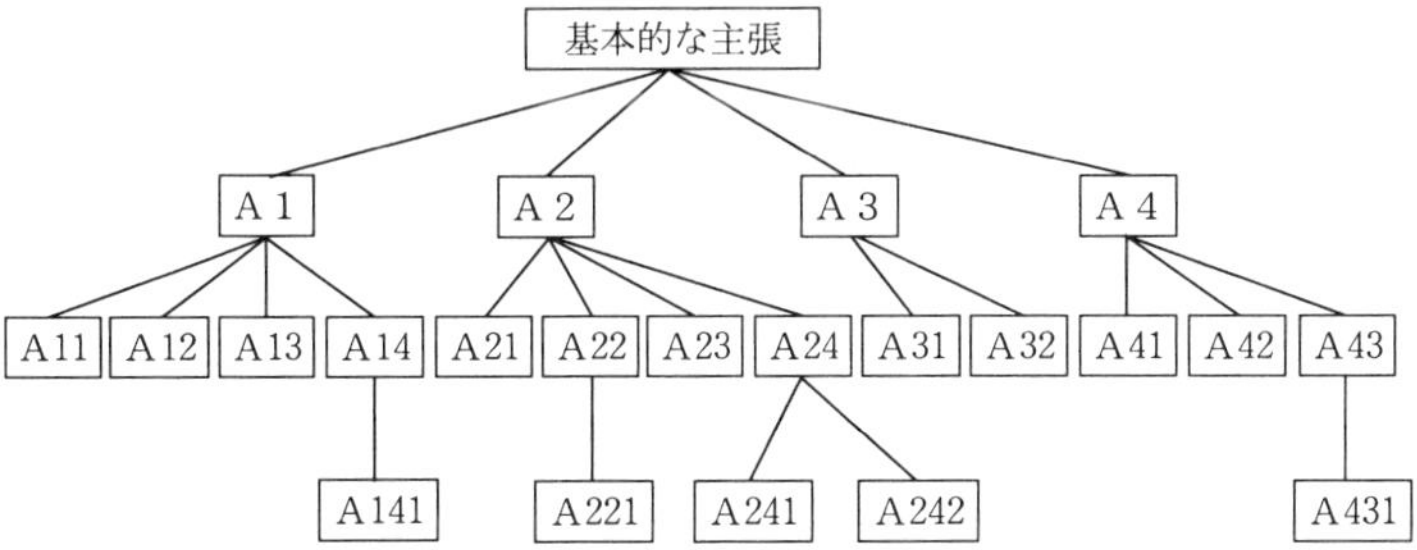


**論　拠**

A 1：シナジー効果が実現され得るだろう。
A11：ドルニエの技術は自動車産業にとっても価値がある。
A12：ドルニエとMTUの計画と統制の分野におけるエレクトロニクス・システムに関するノウハウを用いることができ，他方ではプラントの自動制御を用いることができる。
A13：特定の技術と生産は，経済力と研究能力を集中した結果としてのみ実現できる。
A14：そこにはたとえばエレクトロニクスのように，ダイムラー・ベンツの高水準の自動車生産にとって必要であり，将来において利用できるものがある。
A141：自動車はエレクトロニクスによって統合された統合的なシステムにますますなっていく。
A 2：一面性の諸問題が多角化によって解決され得るだろう。
A21：メルセデスの市場が飽和状態に近づいている。
A22：ダイムラー・ベンツは行為と成長に対する強制を感じている。
A221：ダイムラー・ベンツは豊富な財務手段を蓄積してきた。
A23：多角化はコマーシャル・メディア部門の諸問題を解決するために必要である。
A24：以前の事業政策は外国エリアへの多角化を除外していた。
A241：以前の多角化によって重大な失敗があった。
A242：自動車の分野外で重要な開発（エレクトロニクスを必要とするコントロール・システムの開発）が生じた。
A 3：この戦略が銀行によって支援されている。
A31：監査役会のトップが戦略の支持者である。
A32：銀行は，AEGの再編の際に自らが購入したAEG株を売却したい。
A 4：買収の意思決定のための準備時間があまりにも短かった。
A41：監査役は通常の業務に従事していたために，必要な意思決定を下すことができなかった。
A42：ダイムラー・ベンツは新しいテクノロジーへの方法を管理するための明確な構想を持っていなかった。
A43：経営陣内で，買収の必要性に関する広い合意があった。
A431：CEOであるBreitschwerdt, W.はグループの再編成の反対者であった。

（出所）v. Werder, A.: *Argumentation Rationality of Management Decisions,* p.677を参照して作成。

スの取れた、比較的幅の広い議論であるが、フラットな議論であると考えられるのである。

## 六　おわりに

以上では、フォン・ヴェルダーによって展開されている議論合理性のコンセプトを検討してきたが、最後に、まとめとしていくつかの特徴を見てみたい。

まず第一の特徴は、「合理性」という概念の次元を明らかにし、それに基づいて議論合理性という新しい合理性概念を形成していることである。このことは、合理性の研究にとって重要な意義を有するものである。また、従来の合理性評価では、合理的・非合理的という二分法が一般的であったが、議論合理性のコンセプトにおいてはその二分法が克服されている。さらに、フォン・ヴェルダー自身は議論合理性の概念をマネジメントの意思決定問題に限定して検討しているが、このコンセプト自体は経営学の分野のみではなく、他の分野にも応用する可能性を有するものである。これらの意味において、議論合理性の測定コンセプトが有する学問的な意義はきわめて大きいと考えている。

しかしながら、議論合理性の測定コンセプトは、いくつかの点において改良の必要がある。第一に、コンセプト自体の精緻化である。とくに、詳細に論拠づけられた問題解決に関しては、その問題解決のレベルを細分化することによってどのような意味があるのか、また、細分化の方法が妥当であるのかなど、今後検討してみたいと考えている。さらに、時間の観点をコンセプトに含めることも必要である。議論を重ねることによって合理的な意思決定を下すことはもちろん重要であるが、トップ・マネジメントの意思決定状況においては迅速な意思決定が要求される場合も多々あると思われる。

また、議論合理性と成果の関係について考察することも重要であろう。もちろん低い程度の議論合理性の場合でも、その意思決定が成果をもたらす場合もある一方で、高い程度に議論合理的であるからといって必ずしも成功に導くとは限らない。しかしながら議論合理性のコンセプトが実践にとって有用となるためには、いかなる環境の下で、いかなるレベルの議論合理性が、いかなるレベルの成功に導くのかということを明らかにすることが必要であり、これに関するさらなる研究が必要であろう。

そして最後に、組織構造の最適形成と議論合理性との関連も重要である。今までに述べたように、議論合理性のコンセプトは議論における論証プロセスがいかに合理的であるのかということを測定するコンセプトであるため、組織を形成する際の議論に関しても適用可能なコンセプトである。この点に関してはまだ研究を行っていないが、事例の検討も含め、今後深めて行きたいと考えている。

**注**

（1）Vgl. v. Werder, A.: *Unternehmungsführung und Argumentationsrationalität, Grundlagen einer Theorie der abgestuften Entscheidungsvorbereitung*, Stuttgart 1994, S. 49-105. これに関しては宮田将吾「『議論合理性』概念の検討」『関西学院商学研究』第五五号、二〇〇四年、一―一一頁も参照されたい。

（2）cf. Toulmin, St., Rieke, R. and Janik, A.: *An Introduction to Reasoning*, 2nd ed., New York 1984. これに関しては、宮田将吾「トップマネジメントにおける意思決定の合理性」『関西学院商学研究』第五三号、二〇〇三年、三八―四一頁も参照されたい。

（3）cf. v. Werder, A.: Argumentation Rationality of Management Decisions. in: *Organization Science*, Vol.10, No.5, 1999, pp.675-679. これに関しては、宮田将吾、前掲稿、四一―四五頁も参照されたい。

（4）cf. v. Werder, A.: *ibid.*, pp.678-679. Vgl. v. Werder, A.: *Unternehmungsführung und Argumentationsrationalität*, *a. a. O.*, S. 496-500. これに関しては、宮田将吾、前掲稿、四五―四七頁を参照されたい。

（5）cf. v. Werder, A.: *ibid.*, p. 672 and pp. 675-681.

# 十二　ステークホルダー型企業モデルの構造と機能
## ――ステークホルダー論者の論法とその思想傾向――

水村典弘

## 一　はじめに

ステークホルダー型企業モデル（stakeholder model of the modern corporation）は、一方で株式会社制度を与件として受け入れながら、他方で一九八〇年代前後のアメリカで過熱していた「経営者資本主義」（managerial capitalism）及び「株主資本主義」（shareholder capitalism）の部分的な緩和を意図して構想されている。このような企業モデルがアメリカ経営学の内部に確立されたのは、一九九五年から二〇〇〇年に編成された「公開企業の再定義プロジェクト」（Redefining the Corporation Project）を契機としてである。(1) なお、このプロジェクトに先行して一九七七年から一九八〇年に編成された「ステークホルダー・プロジェクト」の照準は、ステークホルダー・アプローチを採用した経営管理モデルの開発に定められていた。(2)

二大プロジェクトの実施期間中から現在に至るまでのあいだに、ステークホルダー型企業モデルは、ステークホルダー論者（stakeholder theorists）と呼び称される研究者の群によってその内容の充実が図られてきている。

ステークホルダー論者は、哲学者カントが唱えた義務論の要素を取り込み、ステークホルダーにおける権利の行使が、経営管理者における義務の履行に対応すると説く。ステークホルダー論者の論法は、経験科学の系統に連なる経営学の検討課題に規範倫理学の基本原則を適用しているという点において特徴的である。(3)

もっとも権利と義務との関係について、ステークホルダーにおける権利の行使は、企業・経営管理者にたいする義務の履行を伴うという解釈もある。たとえば、株主は、株式の払込という義務を履行し、株主権を行使することができる。ステークホルダーにおける権利の行使という側面が殊更に強調されている今、ステークホルダーにおける義務の履行は、ステークホルダーにおける権利の行使に優先的に取り扱われてしかるべきであろう。

本稿は、ステークホルダー型企業モデルの構造を明らかにしたうえで、ステークホルダー型企業モデルの機能という新たな側面に光を当てるものである。まず本稿は、ステークホルダーという概念の内包と外延を確定し、ステークホルダー型企業モデルの構造を明らかにする。次に、ステークホルダー論者がステークホルダー型企業モデルを構想する際に前提として踏まえるべき条件を抽出する。そのうえで、ステークホルダー論者が構想した「カント主義的資本主義」(Kantian capitalism)の要点と、カント主義者が踏まえるべき事柄を併せて確認する。最後に、ステークホルダー型企業モデルが経営学の内部で果たしている役割を拠り所として、ステークホルダー論者にその解決が果せられた方法論上の課題を提示する。

## 二　ステークホルダー型企業モデルの構造

民主主義を標榜する社会の内部には、社会の構成員に固有の権利とそれに基づく要求を実現するための諸制度が整備されている。こうした現象が実際に観察されるようになった原因の一端は、社会の構成員が、各人に固有の利益を得るために、企業という組織にたいして各人に固有の権利とそれに基づく要求を積極的に主張するようになったからである。

このようなステークホルダーの要求にたいして、経営管理者は、事後的な対応にとどまることなく事前予測的な措置を講ずるようになってきている。この場合、当事者間の関係は、ステークホルダーにおける権利の行使が、経営管理者における義務の履行に対応するという構図を描いている。

ステークホルダーは、企業にたいして特定の権利を行使可能な個人または集団（例、株主・投資家、従業員、顧客、サプライヤー、コミュニティー、立法機関・行政機関、NGO・NPOなど）を包括している。[4] 前者は、ステークホルダーという概念の内包を規定し、後者は、ステークホルダーという概念の外延を規定している。なお、後者に関して、ステークホルダーの構成要素は、経験的事実から千篇一律に抽出することはできない。その理由は、ステークホルダーの構成要素が、時間軸（例、過去、現在、未来）、空間軸（例、業界、業種、業態）、あるいは地理軸（例、国家、地域、州）などの可変的な基準に応じて様々に変化するからである。

たとえば、過去の時点で軽視されていたステークホルダーが、時間の経過とともに重視されるような場合がある。また、許認可業種において重視すべきステークホルダーは、一般業種において重視すべきステークホルダーとは異なるであろう。さらに、日本における社会経済的なシステムがアメリカにおけるそれとは異なるように、日本企業におけるステークホルダーの優先順位もまたアメリカ企業におけるそれとは異なるであろう。

なお近年、企業とステークホルダーとの関係は個別的な基準によって規定されるようになってきている。たとえば、「企業の価値基準」（corporate values）に対応して、特定のステークホルダーがそれ以外のステークホルダーにたいして優先的に取り扱われるような場合である。[5] 個別具体的な例を挙げれば、リーバイ・ストラウス社は、「価値基準にもとづく経営」（managing values）を実践するために、進出先国の児童労働者の権利とそれに

伴う利益を優先し、株主の権利とそれに伴う利益を劣後的に取り扱った企業として知られている。(6)

また、別の視点から企業とステークホルダーとの関係を規定すれば、個別企業における事業領域が多角化した今、個別企業とステークホルダーとの関係もまた重層的な構造を組成するようになってきている。たとえば、企業とステークホルダーとの関係が、個別企業、事業部（company）、そして事業単位（business unit）という組織に対応して変化するような場合である。それゆえ、経営管理者におけるステークホルダー認識の範囲もまた経営管理の範疇に対応して変化することとなる。典型的には、最高経営層または経営幹部におけるステークホルダー認識の範囲が、部門管理層や現場管理層におけるそれとは異なるような場合である。

## 三　ステークホルダー論者の論法における前提条件

ステークホルダー論者は、以下のような前提を踏まえてステークホルダー型企業モデルを構想している。(7)

前提条件(1)：現代社会は、多元的な価値観の存在を容認している。

ステークホルダー論者は、ステークホルダーの存在を多元的価値社会（pluralistic society）の構成単位として認識している。多元的価値社会とは、社会の構成員各人の価値観が相互に独立的な要素や原理から構成された社会を意味し、単色社会（monochrome society）の様相とは対照的である。(8)

前提条件(2)：企業の経営課題は、社会の構成員相互の思惑や利害関係が複雑に交錯した状態で顕在化している。

企業の経営課題は、その性格に応じて、経営管理者が解決すべき課題事項（issues）または懸案事項（problems）に分類できる。前者は、経営管理者が所定の期間内に解決すべき事柄を意味する。後者は、経営管理者が可及的速やかに解決すべき事柄を意味し、解決を迫られながらも未解決のままになっている事柄を含む。

企業の経営課題は、社会の構成員が各人に固有の利益を得るために、各人に固有の権利とそれに基づく要求を実際に主張する際に表面化する。スチュワート（Stewart, D., 1995）は、一九九〇年代のアメリカ企業が置かれていた状況について、「ビジネス・プラクティスは、権利主張の只中に置かれている」と書き記している。(9)

前提条件(3)：企業の経営課題の迅速な解決とその再発防止を図るためには、経営管理者が、社会の構成員にたいして法的に保障された権利（＝法律上の権利）の内容と、道徳的に付与された権利（＝道徳的な権利）の内容と、それら（＝法律上の権利・道徳的な権利）に基づいて主張された要求の具体的な内容とを適時的確に読み解くべきである。(10)

企業の経営課題を解決する際に、経営管理者は、株主の権利とそれに基づく要求を優先的に取り扱うべきか、株主以外のステークホルダーのそれを優先的に取り扱うべきか、いずれかを選択しなければならないような状況に追い込まれる場合もある。こうした現象が議論されるようになった理由は、権利が、法律によって保護されるという側面と、自然人の人格に由来するという側面とを併せ持っているからである。

もっとも通説に従えば、「株主対ステークホルダー」という二分法が支持されているように、株主の権利とそれに伴う利益は、株主以外のステークホルダーのそれとは相互に排斥し合う関係にある。(11) しかしグッドパスター（Goodpaster, K. E., 1991）がラテン語の格言 Nemo Dat Quod Non Habet（人は自分が望まない行為を他人に依頼することはないという意［執筆者注］）を引いて説いたように、株主は、それが属する社会に共通の規範に矛盾するような経営決定を対象企業に促すことはないと考えられている。(12) グッドパスターの学説は、人間の利己心から出発した利己主義（egoism）とは対照的な利他主義（altruisme）という思想的な立場と、キリスト教の教義ともいうべき隣人愛という思想的な立場とに基づいて成立したものであり、株主行動が必ずしも株主の権利とそれに伴う利己的な利益の最大化に収斂することはないという事実を明らかにするものである。

## 四　カント主義的資本主義の構想とカント主義者の方法論上の課題

ステークホルダー論者は、行き過ぎた「経営者資本主義」及び「株主資本主義」の様態に異議を唱え、カントが提唱した定言命法における第二法式の要素を取り込んで「カント主義的資本主義」を構想した。ステークホルダー論者が権利を価値判断の基準として採用した理由は、ステークホルダー論者を含む応用倫理学者が、経営学の内部で功利が価値判断の一切の基準として採用されていた状況に危機意識を共有したからである。[13]こうした研究姿勢ゆえに、ステークホルダー論者は、「カント主義者」(Kantian) とも呼び称されている。[14]

たとえば、エバンとフリーマン (Evan, E. M., & Freeman, R. E., 1988) は、カントが唱えた定言命法における第二法式を理論的根拠として、「企業の目的は、ステークホルダーの人間性を手段としてだけではなく常に目的として取り扱うように機能してしかるべきである」という命題を導き出している。[15]エバンとフリーマンの研究成果は、フリーマン (1994) の著書『人間性を兼ね備えたビジネス』(*Business as A Humanity*) に引き継がれただけではなく、ステークホルダー論者の思想的な基盤ともなっている。[16]

ステークホルダー論者が構想した「カント主義的資本主義」の特徴は、経営管理者と、株主以外のステークホルダーとの関係を目的と手段の因果関係で捉えるのではなく、株主を含むステークホルダーの権利とそれに伴う利益を並列的に配列している点にある。このようなステークホルダー論者の論法は、資本主義という経済体制や現行の株式会社制度などに異議を唱えるものではなくあくまでもカントの道徳哲学の立場から資本主義のビジョンを示し、現行の株式会社制度に手を加えることなく公開企業の再定義を試みようとするものである。[17]

しかしカント主義者全般に共通して指摘されてきているように、ステークホルダー論者の論法には、カントの道徳哲学において重要視されている義務論の要素をいわば御都合主義的に引用しているような部分もある。こうした傾向について、企業倫理学者ボウイ（Bowie, N., 1999）は、その著書『企業倫理学――カント主義的な観点――』(*Business Ethics : A Kantian Perspective*) の導入部で、カント主義者が踏まえるべき事柄を列挙している。[18]（括弧内の文章は、ボウイの見解に本章の執筆者が補足的な説明を付したものである。）

①カントは、資本主義ならびに株式会社制度について言及していない。

②カントは、経験科学ではなく唯一思弁を志向していた。（カントの道徳哲学は、経験に拠ることなくただ純粋な思考によって真理の認識に到達することを目的として展開されている。）

③カント主義者は、カントの道徳哲学を特定の事象に適用しながら、「（無条件的に）あるべきビジネスのビジョン」を構想している。（カント主義者は、存在［あること］および自然必然性［あらざるをえないこと］にたいして、人間の理想としての当為［まさになすべきこと・まさにあるべきこと］を掲げている。）

④カントが、『すべき』は『できる』を前提とする」という原則を受け入れたように、カント主義者が構想したビジョンは実行可能であり有益である。

⑤カント主義者のビジョンだけが唯一企業倫理学に適用可能なビジョンではない。カントの道徳哲学は、企業倫理学の検討課題全般を取り扱うことはできない。カント主義者は、企業の経営課題の一部にカントの道徳哲学を部分的に適用しているにすぎない。

⑥カント主義者は、カントの道徳哲学に忠実な態度で臨むべきである。カント主義者は、哲学研究における最先端のカント研究に学び、カントの道徳哲学を御都合主義的に利用すべきではない。

⑦カント主義者は、カントの道徳哲学に関わる論争や批判を掌握すべきである。

⑧カントの道徳哲学は、（人間に本質的に備わっているであろう［原著者挿入］）釣り合いの取れた物の見方が

正当であると認められるようにすることができる。

⑨カントの道徳哲学は、現代人が「啓発的」（＝人々が気付かないような物事について教え示す様子）と呼び称しているような経営管理上の実践を規範的に正当化するために必要なフレームワークとなっている。

## 五　結びに代えて

ステークホルダー論者は、経験科学の系統に連なる経営学の検討課題に、カントの道徳哲学における義務論の要素を部分的に取り込みながら、ステークホルダー型企業モデルの内容充実に取り組んできている。ステークホルダー型企業モデルは今や、ビジネス・スクールなどの専門職養成型の大学院（professional school）で実施されているケース・メソッドにも採用されている。その理由は、専門的経営管理者（professional manager）は、経営管理に関わる高度に専門的な知識と、経営管理に関わる道徳的推論（moral reasoning）の技術を修めてしかるべきであると考えられているからである。特に後者は、経営管理者としての判断や行動が規範倫理学の基本原則に照らして正当か否かを理由付ける際に必要なツールとして認識されている。[19]

経営管理者における道徳的推論の価値は、経営管理者としての判断や行動が規範倫理学の基本原則を用いて承認されるべき性質を備えているか否かを基準として判断されている。もっともドナルドソン（Donaldson, T., 1984）によれば、経営管理者が道徳的な推論を行なう際には、経験的な知識と規範倫理学的なそれとを区別すべきであるという。[20] その理由は、前者が、認識の源泉を経験的事実ないし経験に求めているのに対して、後者は、認識の源泉をアプリオリな理性的認識に求めており、いずれも認識論上の基礎付け（epistemological foundations）が異なるからである。[21]

ステークホルダー論者の論法は、経験的事実にアプリオリな理性的認識を適用しながら展開されているという点において特徴的である。しかし最近時点におけるステークホルダー論者の論法はアプリオリな理性的認識に偏向しているようにも見受けられる。また、ステークホルダー論者がカントの義務論の要素を援用して謳ったステークホルダー型企業モデルは、法令及び社会通念に照らして正当な状態にあるが、しかしその実現はほぼ困難である。その理由は、ステークホルダー型企業モデルが、社会の構成員に保障及び付与された権利を一律に配列し、経営管理者がステークホルダー全般に利益や恩恵を与えてしかるべきであると提唱しているからである。

このようなステークホルダー論者の誤謬を正すうえで、ステークホルダー論者の先鋒を担うであろうフィリップス（Philips, R., 2003）が唱えた「ステークホルダーの公平性に関する原則」（a principle of stakeholder fairness）は一見すると示唆に富んでいる。しかし、たとえステークホルダー論者の論法にカント学派の流れを汲むロールズの正義論の要素を部分的に取り込んだとしても、ステークホルダー論者が直面するような性格の問題に解決の糸口を探り当てることはできない。[22] ステークホルダー論者は、認識の源泉を経験的事実ないし経験に求めるべきか、アプリオリな理性的認識に求めるべきか、それとも第三の途を模索すべきか、いずれかを再び明確にすべき時機に再び差し掛かっている。

**注**

（1） Post, J. E., Preston, L. E., & Sachs, S., *Redefining the Corporation: Stakeholder Management and Organizational Wealth*, California: Stanford University, 2002.

（2） 拙稿「経営学における利害関係者研究の生成と発展――フリーマン学説の検討を中心として――」経営学史学会編『（第十輯）現代経営と経営学史の挑戦――グローバル化・地球環境・組織と個人――』文眞堂、二〇〇三年、一四八―一五九頁。

（3） Freeman, R. E. & McVea, J., "A Stakeholder Approach to Strategic Management," Hitt, M. A., Freeman, R. E. & Harrison, J. S. (Eds.), *The Blackwell Handbook of Strategic Management*, Massachusetts: Blockwell, 2001, p. 194.

（4） 拙稿「現代の企業経営とステークホルダー――経営学とステークホルダー概念――」『社会科学論集』（埼玉大学経済学会編）、第一一四号、一七一三七頁。

(5) Kochan, T. A., & Rubinstein, S. A., "Toward a Stakeholder Theory of the Firm: The Saturn Partnership," *Organization Science,* Vol. XI, No. 4, 2000, pp. 367-386.

(6) Russell, M., & Oneal, M., "Managing By Values : Is Levi Strauss' Approach Visionary or Flaky?," *Business Week,* August-1-1994, pp. 46-52.

(7) 拙著『現代企業とステークホルダー――ステークホルダー型企業モデルの新構想――』文眞堂、二〇〇四年、二頁参照。

(8) Etzioni, A., *The Monochrome Society,* Princeton: Princeton University, 2001.

(9) Stewart, D., *Business Ethics,* New York: McGraw-Hill, 1996, p. 95.（企業倫理研究グループ［中村瑞穂代表］訳『企業倫理』白桃書房、九七頁参照。）

(10) ラテン語の格言 "ubi societas, ibi ius"（社会あるところ法あり）によれば、人間の共同生活が営まれるような場所には、自然法としての法（社会秩序を維持するための規範）が存在する。法の存在形式としての法律は、人間によって定立された法であり、制定法・慣習法・判例法などを含む。それゆえ、法律上の権利は、法律によって保護され、法律によって制限される。

(11) Smith, H. J., "The Shareholders vs. Stakeholders Debate," *Sloan Management Review,* Vol. XXXXIV, No. 4, 2003, pp. 85-90.

(12) Goodpaster, K. E., "Business Ethics and Stakeholder Analysis," *Business Ethics Quarterly,* Vol. I, No. 1, p. 68.

(13) Frederick, W. C., "Theories of Corporate Social Performance," Sethi, S. P., & Falbe, C. M. (Eds.), *Business and Society : Dimensions of Conflict and Cooperation,* Massachusetts: Lexington, 1987, p. 156.

(14) Wick, A., "How Kantian a Kantian Theory of Capitalism," *Business Ethics Quarterly,* The Ruffin Series Special Issues #1, 1999, pp. 61-73.

(15) Evan, W. E., & Freeman, R. E., "A Stakeholder Theory of the Modern Corporation : A Kantian Capitalism," Beauchamp, T. L., & Bowie, N. E. (Eds.), *Ethical Theory and Business,* 3rd edition, New Jersey : Prentice-Hall, 1988, p. 72.

(16) Freeman, R. E., *Business as a Humanity,* New York : Oxford University Press, 1994.

(17) Bowie, N. E., "A Kantian Theory of Capitalism," *Business Ethics Quarterly,* The Ruffin Series Special Issues #1, 1999, p. 38.

(18) Bowie, N. E., *Business Ethics: A Kantian Perspective,* Massachusetts : Blackwell, 1999, introduction.

(19) Freeman, R. E., "Business Ethics," Spekman, R. E., Bruner, R., Eaker, M. E., Freeman, R. E., & Teisberg, E., *The Portable MBA,* 3rd edition, 1998, p. 49.（嶋口充輝・吉川明希訳『（ＭＢＡ講座）経営』日本経済新聞社、一九九八年、六四頁参照。）

(20) Donaldson, T., *Case Studies in Business Ethics,* New Jersey : Prentice-Hall, 1984, p. 5.

(21) 経験的な知識と規範倫理学的なそれとを区別すべきか否かに関しては、ステークホルダー論者のあいだで一九九〇年代に論議されていた。(参照 : Freeman, R. E., "The Politics of Stakeholder Theory: Some Future Directions," *Business Ethics Quarterly,* Vol. IV, No. 4, 1994, pp. 409-421.)

(22) Philips, R., *Stakeholder Theory and Organizational Ethics,* San Francisco: Berrett Koehler, 2003, pp. 85-118.

# 十三　支援組織のマネジメント
## ――信頼構築に向けて――

狩俣正雄

## 一　はじめに

わが国は超高齢社会を迎え、介護やケアを必要とする人々が増加すると予想されている。人は誰でも歳をとれば身体も弱くなり、病気に罹りやすくなる。病気になり、障害を持つようになれば、他の人の介護や世話を受けるようになる。そのような人々が多くなると、要介護や要援助の人々を助け支える支援組織はますます重要になると思われる。

しかし、支援組織の多くは、これまで介護やケアの問題が福祉の問題とされてきたことから企業経営のようなマネジメント・システムを十分に構築してこなかった。しかし、今後、福祉制度の改革によって利用者のニーズに対応した組織運営が必要になると、支援組織も有効なマネジメントを行う必要がある。特に、一般の民間企業が介護事業や障害者の支援事業に参入する機会が増えると、支援組織も競争的環境の中でその存続発展のためには有効なマネジメントを行わなければならないのである。

マネジメントの問題は、これまで経営学や組織論において中心的に論議され、ある程度まで理論的に体系化されてきている。しかし、それらは支援組織の信頼の問題、特に、信頼構築のマネジメントについては十分に分析していないのである。そこで本章では、支援の特徴と信頼の形成過程を検討することで、支援組織における信頼構築のマネジメントを分析することを意図している。

## 二　支援の特徴

社会における高齢者介護や障害者のケアの拡大に伴って、支援の問題が幅広く論議されている。この支援とは、個々人の主体性、自発性、独自性に基づいて、互いに最も必要としているところを助け合い、足りない点を補い合い、相互に成長発展する過程である。この支援は次のような特徴を持っている（狩俣、二〇〇〇年）。

第一に、対人支援は、支援する人（支援者）と支援を受ける人（被支援者）の間の信頼に基づく関係で行われることである。第二は、支援される人にとって望ましい状態、目標があることである。第三は、支援する人が被支援者の目標達成に貢献しようとする意欲を持っていることである。第四は、その意欲を持った人が具体的な支援を行うことである。それは物的、精神的、金銭的、行動的な支援である。支援はいくら支援しようとする意欲を持っていても実際に支援しなければ成立しないのである。

以上のことから支援は、（1）信頼的コミュニケーション、（2）被支援者の目標やニーズの存在、（3）支援への意欲、（4）支援行為、によって成立する。すなわち、支援は、被支援者のニーズに対する要請を支援者がコミュニケーションによって認知し、支援しようという意欲を持った人（支援者）がそのニーズを満たす活動（支援行為）によって成立するのである。

しかし、支援はこれらの要素だけでは継続的に行われない。支援には大きな負担や犠牲が生じ、支援者のバーンアウト、被支援者への虐待、被支援者の恥辱感などの随伴的結果が生じるからである。そこでこれらの負の結果を乗り越えて支援をするためにはロゴスが必要である。ロゴス（logos）というのは意味のことである（V. E. Frankl, 1952）。ロゴスは支援提供の資源となる愛や感情移入あるいは他者への思いやりないし配慮を反映したものである。人は誰でも基本的にはロゴスを持っている。しかし、支援は支援者にある程度の物的、肉体的、精神的な負担を伴う。人間は自己の利害に関係する事柄に対しては関心を払っても、それ以外の事には注意を払わず無関心であり、自己中心的な存在である。このような性向を有している人々に支援を行わせるためには、彼らや彼女らに対して支援の必要性を認知させ、ロゴスを喚起しなければならないのである。

支援がこのような特徴を持っていると、支援組織のマネジメントの課題は何であろうか。この問題を明確にするために、伝統的管理論、協働的管理論、支援組織のマネジメントの特徴を対比的に検討しよう。伝統的なマネジメントの中心にあるコントロール（伝統モデル）は、影響を及ぼす人がその意図した通り他者に影響を及ぼす過程である。それは、その人の目的を達成することであり、他者はその目的達成の手段である。これは支援とは対極にある。協働的管理論のマネジメント（協働モデル）はコントロールと支援の中間にある。そこでは協働に参加する人々の共通目的の達成が中心となる。共通（組織）目的の達成が組織そのものの存在意義である。これらの違いをその目的、志向性、パワーの源泉、理念などの点から説明すると次のようになる（狩俣、二〇〇〇年）。

第一に、各モデルの目的については、伝統モデルでは上位者の利益の達成、上位者の目的の達成である。協働モデルでは共通目的の達成である。支援モデルでは被支援者の目的達成であり、その欲求の充足である。

第二に、志向性については、伝統モデルは上位者ないし管理者中心である。協働モデルでは参加者の間の対等ないし平等を志向する。支援モデルでは被支援者中心ないし当事者中心、パーソン・センタードである。そこでは当事者主体であり、当事者の選択決定が中心である。

第三に、パワーの源泉は、伝統モデルでは権威である。人々に影響を及ぼす源泉が権威にあり、これがなければ上位者（リーダー）は人々をコントロールできない。それは報酬、あるいは罰に基づく支配である。協働モデルでは正当性ないし合理性である。そこでは上位者は多様な人々の利害対立を調整するために必要な専門的知識や技能あるいは情報を有することで、人々に影響を与える。リーダーが影響を与えることが正当で合理的であるという考え方から出てくる。支援モデルでは相互信頼と尊敬である。それは信頼に基づく内面化あるいは一体化、感情移入による影響力である。それは相互信頼と尊敬から生じる。援助やケアにおいて何よりも重要なことは、他者の理解や共感であり、それがなければ支援は行われない。その基本に信頼がある。

そして支援モデルの理念ないし動機は、ロゴスであり、アガペー的愛である。アガペーは他者に捧げる愛、自己犠牲の愛である。それは功績や社会的業績の高さや地位の高さとは無関係に与える愛で、自己中心性を克服し、他者のために自己を捧げる愛である。

以上の支援の特徴から、組織が人々から支援を引き出すためには、第一に、彼らが持っているロゴスに働きかけることである。人は誰でもロゴスを有しており、それの働きによって愛や関心を呼び起こし、支援への必要性を認識し、支援への意欲を生じる。第二は、支援によって得られる喜びや満足を知らせることである。第三は、これらの役割を担う資源開発システムを形成することである。資源開発システムが効果的に機能することで、支援を行う資源の提供が行われるのである。

このように人々に絶えず働きかけて支援を継続的に引き出すことが支援組織のマネジメントの課題である。しかしこの問題以上に支援組織には重要な課題がある。信頼の構築がそれである。

## 三　信　頼

信頼（trust）の問題についてはこれまで多くの論議が行われている（R. M. Kramer and T. R. Tyler, 1996 ; C. Lane and R. Bachmann, 2002）。この点についてはすでに論議したように、信頼は次のように捉えられる（狩俣、二〇〇四年）。（1）信頼者はある事態や対象に対して情報を持っていないこと、すなわち不確実な状況にいることである。（2）被信頼者はそれを利用すれば何らかの利益が得られること、あるいは逆に信頼者はその弱点を攻撃されれば損害を蒙ることである。しかし（3）信頼者は被信頼者がその脆弱性や弱点を利用（攻撃）して利益を得ない（あるいは逆に自分は損しない）と期待（予期）することである。

それでは信頼者は脆弱な立場にありながらもなぜ被信頼者を信頼するのであろうか。それは被信頼者が次のような特徴を持っているからである。（1）言行一致、（2）配慮、（3）平等、（4）自己開示、（5）一体化、がそれである。

（1）は、他者に対して言ったことを実行することであり、他人に対して約束を守り約束を違えぬことである。人間がコミュニケーションを通じて社会生活を営んでいる限り、経済取引やビジネスを行うかどうかに関係なく、言行一致は重要なことである。約束を守ることは人間社会の基本であり、人との約束を破ることは信頼を失うことになる。言行一致は信頼形成の基本である。（2）は、他者へ関心を払い、他者の問題や悩みに対して思いやることである。人は自己に関心を示し、自己を暖かく配慮する人を信頼する。たとえ相手が高潔であっても自分に対して無関心であれば信頼することはない。（3）は、他者の尊厳や人権を尊重して人間として平等との立場に立つことである。それは、才能や能力、地位、権力などの違いに重要性を置かないことであり、人間として平等ということである。（4）は、人が自分の考え、思想、価値観あるいは情報を他者に対して明らかにすることである。自己開示はそれぞれがよく知る状況を作り出し、よく知ることで人々は信頼関係形成の機会を得る。他者に対する情報や知識は信頼形成のためには必要なのである。（5）は、他者の課題や問題と一体化し、他者と共苦共感することである。人は他者が自分と一緒に悩み苦悩し、感情を共有する人を信頼する。このような特徴を持つ人は、他者の弱点を利用して自己の利益を得るよりも、他者の問題を共に解決することで利益を得、共に成長することを求めるのである。

しかし、この信頼は人間関係一般の信頼であり、個人レベルの対人的信頼の問題である。支援が組織によって行われるならば、組織はその支援活動にかかわる組織としての信頼を確保しなければならない。すなわち、組織が被支援者やその家族などから組織レベルの信頼を得るためには、対人的信頼だけではなく、組織成員間の関係の良さやチームワークの良さのようなシステム的信頼と、組織それ自体の有効性を反映するコンテクスト的信頼を形成しなければならないのである。

システム的信頼は、システムそのものが全体として持つ信頼のことである。システムとは要素間の関係のあり方とその関係を全体として組織化する過程である。これは個々の要素の相互関係として生み出される信頼であり、システムそのものの持つ信頼である。例えば、飛行機について言えば、パイロットがパイロットとして優れた能力や技術を持っていても、飛行機が整備不良であれば、飛行機に搭乗することは危険であり、それは飛行機、整備士、パイロットなどシステム全体としての信頼性に欠け、システム的信頼がないことになる。支援が組織成員間の相互関係でシステムとして行われるならば、このシステム的信頼は支援組織では重要である。

コンテクスト的信頼は組織そのものの持つ信頼である。組織コンテクストは、組織がその成員の行動を規定する規範や準則のことである。成員はその規則を破れば組織から罰を受ける。したがって、組織成員が他者との関係で組織の信頼を失うように行動し組織が大きな損害を受けるような場合、組織は成員に対して信頼的行動をとるように規制する。このようなコンテクストによって組織成員の行動が信頼評価の対象になるので、人々はたとえ他者に対して十分な情報を持っていなくても、その所属する組織の情報に基づいて信頼するかどうかを決める。このコンテクスト的信頼は最終的には組織成員の信頼とシステム的信頼の総計によって生み出されるのである。

このような対人的信頼、システム的信頼、コンテクスト的信頼が複合的に関わりあって組織全体としての信頼を形成するのである。

## 四　信頼構築のマネジメント

支援の基本的要素は信頼である。そしてその利用者から信頼を得ることが支援組織の重要な課題である。しかし信頼の問題は支援組織でのみ重要なのではない。最近の事例で明らかなように、企業は、顧客や取引先などから何らかの理由によって信頼を失えば、直ちに存亡の危機に直面する。企業活動の基本は、いかに多様な利害関係者から信頼を得るかということであり、その存続発展は最終的にはその信頼構築に依存する。マネジメントが組織の存続発展に関わる過程であるとすると（C. I. Barnard, 1938）、信頼構築はその重要な課題である。

対人信頼の形成のためには前述の（1）から（5）までの特性を有するように成員を教育訓練することである。しかし、これらの特性は人間関係一般の信頼であり、支援関係での信頼ではない。支援が被支援者の抱えている問題を解決するために行われるならば、その問題を解決する能力があることが、信頼を得るための第一の条件である。いくら高潔な人格を持っていても、被支援者の求める支援を行う能力がなければ支援者は信頼されない。支援遂行に必要な問題解決能力、すなわち不確実性処理能力、問題解決の専門的知識、技能、あるいはコンピタンシーなどがなければならない。介護やケアなどの専門的職業の分野ではそれを担う人の能力やコンピタンシーが何よりも必要な条件であり、他者から信頼されるための条件である。

さらに支援の本質がロゴスにあり、それに基づいて他者を助け支えることであるならば、支援者がロゴス性を持って被支援者と関わることが、信頼形成の条件である。ロゴスに向かった関係は自己中心性を克服した関係であり、自己超越的な関係を表している。それは人々を一体化させ、相互信頼と尊敬を生み出すのである。

以上のことから、支援での信頼形成には、支援者が（1）能力、（2）言行一致、（3）配慮、（4）平等、（5）自己開示、（6）一体化、（7）ロゴス性を有することが必要である。すなわち、支援組織が当事者から信頼を得るためには、成員の能力を高め、言行一致、配慮、平等、自己開示、一体化を持ってロゴス的関係を形成しなければならないのである。

しかし、支援組織の信頼を構築するためには、この特性に基づく信頼の形成だけではなく、成員間の関係の組織化過程としてのシステム的信頼を形成する必要がある。その信頼はシステムが全体として効果的に機能することで生じる。システムが有効に機能するためには、少なくとも次の三つの関係が形成される必要がある（C. G. Schoderbek, et al., 1980）。共生関係、相乗効果関係、冗長関係による信頼の創出がそれである。

共生というのは、性別、人種、国籍、障害のあるなしなどに関係なく、違いのある人々を差別、排除することなく、共に学び、働き、支え合って生きることである。われわれ人間は一人ひとり違い、それが個性を表す。しかし、その違いが価値づけられ低く評価されて差別の対象になり、排除されたりする。ところが、その違いや差異をそれぞれ独自の価値ある存在として認め、受け容れ、すべては平等の存在であるとすると、共生が可能である。様々な違いのある人々が共に協力し、支え合って生きることができるのである。

ところで、共生には水平的共生と垂直的共生がある。前者は異質の人々が関係の結合を求め、共に利益を求めることである。この共生の利点は異質の人々の相互作用によってイノベーションを生み出すことである。後者は差別する人と差別される人、強者と弱者、多数者と少数者との間の対立を解決することで、共に利益を得ることである。この共生の利点は差別、抑圧、排除などを解決しようと努力する過程で新たな社会の仕組みや制度を創造することである。真の共生は水平的共生と垂直的共生を統合して実現できるのである。

相乗効果関係は、システムが単独で機能するよりも、各システムが連結することでより大きな利益ないし効果を生み出す関係である。冗長関係は、他の諸関係と同じことを繰り返す関係である。同じことを繰り返すことはそれだけ無駄でコストがかかる。しかしこれによってシステムの信頼性は高まる。冗長はシステムに余分なコストを生み出すが、非常時にはシステムに対する信頼性を高める。常時介護やケアを求める人々の支援システムではこの冗長性こそ利用者から信頼を得るためには必要である。

コンテクスト的信頼は組織全体の信頼性の問題であり、組織成員個々人の信頼とシステム的信頼の構築と密接に関わっている。これは、組織自体がその利害関係者の期待に応え、彼らや彼女らからどのように評価されるかという問題であり、組織全体の有効性をどのように高めるかという問題である。

この組織の有効性が何かという問題については多くの観点から論議されているが（狩俣、一九八九年）、有効な組織とは、（1）組織に参加する人々の活動が彼らの動機を満足させ、（2）それが組織目的の達成に貢献し、（3）その組織活動が社会全体の発展に寄与し、（4）環境の変化に対応してそれ自体を絶えず創造する、組織である。そこで、組織の有効性は、（1）組織参加者の動機の満足ないし意味充足、（2）組織目的の達成、（3）社会貢献、（4）組織自体の変革や自己創造、を達成することで高められる（狩俣、一九九六年）。組織がこれらを達成すると、多元的な組織関係者から評価され、組織はそれ自体の信頼性を高めることができる。すなわち、多くの利害関係者は有効性の高い組織ということで信頼するようになり、コンテクスト的信頼が形成されるのである。このような信頼関係の構築は、被支援者の欲求の充足という支援組織の本来の目的達成に寄与するだけではなく、それによって組織参加者（支援者）の社会的欲求も充足させ、さらに支援を絶えず引き出すロゴスも喚起するようになると思われるのである。

## 五　結び

以上、支援と信頼の関係を検討し、信頼構築が支援組織のマネジメントの重要な課題であることを分析してきた。介護や援助を求める人々は自分自身では解決できない課題やニーズを持っており、その解決で他者に依存している。そこで支援者と被支援者との間に信頼関係がなければならない。信頼関係のない支援は、支援といいながら被支援者を苦悩させ、支援そのものを負担に感じさせ、安楽や癒しに結びつかない。支援組織が、その利用者や家族などの関係者から信頼を得るためには、まず成員の能力を高め、感情移入や思いやりを持ってロゴスに基づく関係を形成しなければならない。そして組織がその支援をシステムとして継続的に有効に行うためには、システム的信頼、コンテクスト的信頼も構築しなければならないのである。

この中で共生関係の形成による信頼構築は、特に、わが国の組織の重要な課題である。わが国の組織は、これまで障害者や外国人、あるいは特定の個性のある人々を排除し、同質の人々が内輪で仲良くやることを中心に運営される排他的な組織であった。これは、同質的な人々あるいは身内と言われる人々からは信頼を得ても、それ以外の人々から信頼を得ることは困難であり、特に、文化や宗教あるいは価値観の異なる国際社会の中では信頼を得ることは困難である。マネジメントが組織の存続発展にかかわる過程であるとすれば、その課題は多様な利害関係者から信頼を得ることである。そのためには異質のものを排除せず、共に働くことができるような共生関係を形成しなければならない。信頼のマネジメントというのは、いろいろな違いのある人々が差異やコンフリクトを乗り越えて共に働き、組織のイノベーションや新たなコンテクストを創造して、組織を絶えず有効にすることなのである。

**参考文献**


Barnard, C. I., *The Functions of the Executive,* Cambridge, Massachusetts : Harvard University Press, 1938.（山本安次郎・田杉　競・飯野春樹訳『新訳　経営者の役割』ダイヤモンド社、一九六八年。）

Frankl, V. E., *Aerztliche Seelsorge,* Wien : Verlag, Franz Deuticke, 1952.（霜山徳爾訳『死と愛―実存分析入門―』みすず書房、一九五七年。）

Kramer, R. M. and T. R. Tyler (ed.), *Trust in Organizations : Frontiers of Theory and Research,* Sage Publications, Inc., 1996.

Lane C. and R. Bachmann (ed.), *Trust Within and Between Organizations : Conceptual Issues and Empirical Applications,* Oxford University Press, 2002.

Schoderbek, C. G., Schoderbek, P. P. and A. G. Kefalas, *Management Systems : Conceptual Considerations,* Business Publications, Inc., 1980.（鈴木幸毅・西　賢祐・山田壹生監訳『マネジメント・システム―概念的考察―』文眞堂、一九八三年。）

拙著『組織のリーダーシップ』中央経済社、一九八九年。

拙著『変革期のリーダーシップ』中央経済社、一九九六年。

拙著『共生社会の支援システム』中央経済社、二〇〇〇年。

拙著『支援組織のマネジメント』税務経理協会、二〇〇四年。

# Ⅲ　文献

ここに掲載の文献一覧は、第Ⅰ部の統一論題論文執筆者が各自のテーマの基本文献としてリストアップしたものを、年報編集委員会の責任において集約したものである。

## 一　経営学史研究の新展開


**外国語文献**

1 Drucker, P. F., *Managing in the Next Society*, 2002.（上田惇生訳『ネクスト・ソサエティ――歴史が見たこともない未来がはじまる――』ダイヤモンド社、二〇〇二年。）

2 Rosenthal, S. B. and Buchholz, R. A., *Rethinking Business Ethics: A Pragmatic Approach*, Oxford University Press, 2000.（岩田　浩・石田秀雄・藤井一弘訳『経営倫理学の新構想』文眞堂、二〇〇一年。）

3 Sen, A. K., *On Ethics & Economics*, Blackwell, 1987.（徳永澄憲・松本保美・青山治城訳『経済学の再生――道徳哲学への回帰――』麗澤大学出版会、二〇〇二年。）

**日本語文献**

1 宇澤弘文『経済学と人間の心』東洋経済新報社、二〇〇三年。

2 大前研一『ロウアーミドルの衝撃』講談社、二〇〇六年。

3 倉坂秀史『環境を守るほど経済は発展する』朝日選書七〇六、朝日新聞社、二〇〇二年。

4 佐々木　毅・金　泰昌（編）『公と私の思想史』（公共哲学Ⅰ）、東京大学出版会、二〇〇一年。

5 白波瀬佐知子（編）『変化する社会の不平等』東京大学出版会、二〇〇六年。

6 西垣　通『情報的転回――ＩＴ社会のゆくえ――』春秋社、二〇〇五年。

7 三浦　展『下流社会――新たな階層集団の出現――』光文社新書二二一、光文社、二〇〇五年。

## 二 アメリカ経営学の展開と組織モデル


**外国語文献**

1 Allison, G. T., *Essence of Decision: Explaining the Cuban Missile Crisis*, Harper Collins, 1971.（宮里政玄訳『決定の本質―キューバ・ミサイル危機の分析』中央公論社、一九七七年。）

2 Chandler, A. D. Jr., *Strategy and Structure*, MIT Press, 1962.（三菱経済研究所訳『経営戦略と組織』実業之日本社、一九六七年。）

3 Donaldson, L., *The Contingency Theory of Organizations*, Sage, 2001.

4 Galbraith, J. R. and D. A. Nathanson, *Strategy Implementation*, West Publishing, 1978.（岸田民樹訳『経営戦略と組織デザイン』白桃書房、一九八九年。）

5 Galbraith, J. R., *Designing the Global Corporation*, Jossey-Bass, 2000.（斉藤彰悟監訳『グローバル企業の組織設計』春秋社、二〇〇二年。）

6 Mingaers, J. and A. Gill (eds.), *Multi-Methodology*, Wley, 1997.

7 Scott, W. R., *Organizations: Rational, Natural, and Open Systems*, Prentice-Hall, 1981.

8 Weick, K. E., *The Social Psychology of Organizing*, 2nd Edition Addison-Wesley, 1979.（遠田雄志訳『組織化の社会心理学』文眞堂、一九九七年。）

9 Weick, K. E., *Sensemaking in Organizations*, Sage, 1995.（遠田雄志・西本直人訳『センスメーキング・イン・オーガニゼーションズ』文眞堂、二〇〇一年。）

10 Weick, K. E., *Making Sense of the Organization*, Blackwell, 2001.

**日本語文献**

1 岸田民樹『経営組織と環境適応』三嶺書房、一九八五年。

2 黒石　晋『システム社会学』ハーベスト社、一九九一年。
3 長谷正人『悪循環の現象学』ハーベスト社、一九九一年。
4 八木　勇『キューバ核ミサイル危機』新日本出版社、一九九五年。
5 山倉健嗣・岸田民樹・田中政光『現代経営キーワード』有斐閣、二〇〇一年。

## 三　二十一世紀の企業モデルと経営理論――米国を中心に――

### 外国語文献

1 Ansoff, H. I., *Corporate Strategy*, McGraw-Hill, 1965.（広田寿亮訳『企業戦略論』産業能率短大、一九六九年。）
2 Barnard, C. I., *The Functions of the Executive*, Harvard University Press, 1938.（山本・田杉・飯野訳『経営者の役割』ダイヤモンド社、一九六八年。）
3 Berle, A. A. and G. C. Means, *The Modern Corporation and Private Property*, The Macmilan Company, 1932.（北島忠雄訳『近代株式会社と私有財産』文雅堂銀行研究社、一九五八年。）
4 Commons, J. R., *Institutional Economics*, The Macmilan Company, 1934.
5 Davis, K. and R. L. Blomstorm, *Business and its Environment*, McGraw-Hill, 1966.
6 Gordon, R. A., *Business Leadership in the Large Corporation*, The University of California Press, 1945.（平井・森訳『ビズネス・リーダーシップ』東洋経済新報社、一九五四年。）
7 Hamel, G. and C. Prahalad, *Competing for the Future*, Harvard Business School Press, 1994.（一條和生訳『コア・コンピタンス経営』日本経済新聞社、一九九五年。）
8 Lawrence, P. R. and W. Lorsh, *Organization and Environment*, Harvard University Press, 1967.（吉田　博訳『組織の条件適応理論』産業能率短大、一九七七年。）
9 Likert, R., *New Patterns of Management*, McGraw-Hill, 1961.（三隅二不二訳『経営の行動科学』ダイヤモンド社、一九六一年。）

10 March, J. G. (ed.), *Decisions and Organizations*, Basil Blackwell, 1989.

11 McGregor, D., *The Human Side of Enterprise*, McGraw-Hill, 1960.（高橋達夫訳『企業の人間的側面』産業能率短大、一九七〇年。）

12 Mintzberg, H. and J. Quinn, *The Strategy Process*, Prentice Hall, 1991.

13 Pfeffer, J. and G. R. Salancik, *The External Control of Organizations*, Haper & Row, 1978.

14 Porter, M. E., *Competitive Advantage*, The Free Press, 1985.（土岐・中辻・小野寺訳『競争優位の戦略』ダイヤモンド社、一九八五年。）

15 Simon, H. A., *Administrative Behavior*, Macmillan, 1947.（松田・高柳・二村訳『経営行動』ダイヤモンド社、一九六五年。）

16 Thompson, J. D., *Organization in Action*, McGraw-Hill, 1967.（高宮　晋監訳『オーガニゼーション　イン　アクション』同文舘、一九八七年。）

17 Veblen, T., *The Theory of Business Enterprise*, Transaction Books, 1904.（小原敬士訳『企業の理論』勁草書房、一九六五年。）

18 Williamson, O. E., *Markets and Hierarchies*, The Free Press, 1975.（浅沼・岩崎訳『市場と企業組織』日本評論社、一九八〇年。）

## 日本語文献

1 Epstein, E. M., 中村・風間・角野・出見世・梅津訳『企業倫理と経営社会政策過程』文眞堂、一九九六年。

2 岸田民樹『経営組織と環境適応』三嶺書房、一九八五年。

3 佐久間信夫『企業統治と企業支配』白桃書房、二〇〇三年。

4 高　哲夫『ヴェブレン研究』ミネルヴァ書房、一九九一年。

5 角野信夫『アメリカ企業・経営学説史』文眞堂、一九八七年。

6 角野信夫『アメリカ経営組織論』文眞堂、一九九八年。

7 中村瑞穂編著『企業倫理と企業統治』文眞堂、二〇〇三年。

8　正木久司『株式会社支配論の展開（アメリカ編）』文眞堂、一九八三年。
9　正木久司・角野信夫『バーリ』同文舘、一九八九年。

## 四　ＥＵ企業モデルと経営理論

### 外国語文献

1　Mahi, F. E., *Die Europäische Aktiengesellschaft*, Frankfurt am Main 2004.
2　Gerum, E./Steinmann, H./Fees, W., *Der mitbestimmte Aufsichtsrat—Eine empirische Untersuchung—*, Stuttgart 1988.

### 日本語文献

1　伊澤　章『欧州労使協議会への挑戦——ＥＵ企業別労使協議制度の成立と発展——』日本労働研究機構、一九九六年。
2　上田廣美「ヨーロッパ会社法と被用者の経営参加に関する最新動向（上）（下）」『国際商事法務』第二九巻第五号および第六号、二〇〇一年、五二七—五三五頁（第五号）および六六六—六七〇頁（第六号）。
3　上田廣美訳「「ヨーロッパ会社法に関する理事会規則の提案」と「被用者参加に関するヨーロッパ会社法を補完する理事会指令の提案」——ニース合意後の新法案——」『亜細亜法学』第三六巻第一号、二〇〇一年、二四七—二八五頁。
4　上田廣美「ヨーロッパ会社法の成立とＥＵにおける従業員参加」日本ＥＵ学会編『ユーロの再検討』（日本ＥＵ学会年報、第二三号）二〇〇三年、二三一—二五〇頁。
5　海道ノブチカ『ドイツの企業体制——ドイツのコーポレート・ガバナンス——』森山書店、二〇〇五年、一五三—一八七頁。
6　海道ノブチカ「ＥＵ法人としてのヨーロッパ会社（ＳＥ）」深山　明編著『ＥＵの経済と企業』御茶の水書房、二〇〇四年、一一九—一四一頁。

7 辰巳浅嗣編著『ＥＵ―欧州統合の現在』創元社、二〇〇四年。

8 中野　聡『ＥＵ社会政策と市場経済――域内企業における情報・協議制度の形成――』創土社、二〇〇二年。

9 中野　聡「ヨーロッパ資本主義の2つの世界――コーポラティズムと代替社会モデル――」『豊橋創造大学紀要』第八号、二〇〇四年、一―一七頁。

10 濱口桂一郎『ＥＵ労働法の形成――欧州社会モデルに未来はあるか？――』（増補版）日本労働研究機構、二〇〇一年。

11 正井章筰『ＥＣ国際企業法――超国家的企業形態と被用者参加制度――』中央経済社、一九九四年。

12 前田充康『ＥＵ拡大と労働問題』日本労働研究機構、一九九八年。

13 万仲脩一『企業体制論――シュタインマン学派の見解――』白桃書房、二〇〇一年。


## 五　ＥＵにおける労働市場改革と労使関係

**外国語文献**


1 Adnett, Nick and Stephen Hardy, *The European Social Model*, Cheltenham, Edward Elgar Publishing, 2005.

2 Grey, Anne, *Unsocial Europe*, London, Pluto Press, 2004.

3 Hitiris, Theo, *European Union Economics*, Harlow, Prentice Hall, 2003.

4 Jovanovix, Miroslav N., *The Economics of European Integration*, Cheltenham, Edward Elgar Publishing, 2005.

5 Molle, Willen, *The Economics of European Integration*, fourth edition, Aldershot, Ashgate, 2001.


**日本語文献**


1 植竹・仲田編著『現代企業の所有・支配・管理』ミネルヴァ書房、一九九九年。

2 久保広正『欧州統合論』勁草書房、二〇〇三年。

3　小久保康之監訳『ヨーロッパ二〇一〇』ミネルヴァ書房、二〇〇〇年。
4　J・ペルクマンス著／田中素香全訳『EU経済統合』文眞堂、二〇〇四年。
5　田中素香編著『単一市場・単一通貨とEU経済改革』文眞堂、二〇〇二年。
6　田中友義『EUの経済統合』中央経済社、二〇〇一年。
7　田中・久保編著『ヨーロッパ経済論』ミネルヴァ書房、二〇〇四年。
8　深尾光洋・森田泰子『企業ガバナンス構造の国際比較』日本経済新聞社、一九九七年。
9　渡部　亮『アングロサクソン・モデルの本質』ダイヤモンド社、二〇〇三年。

## 六　アジア―中国企業モデルと経営理論

**外国語文献**

1　黄群慧『国有企業管理現状分析』経済管理出版社、二〇〇二年。
2　芮明杰『国有企業戦略性改組』上海財経大学出版社、二〇〇一年。
3　楊瑞龍『国有企業治理結構創新的経済学分析』中国人民大学出版社、二〇〇一年。
4　鄭　林『国有企業治理結構研究』河南人民出版社、二〇〇二年。

**日本語文献**

1　勝部伸夫『コーポレート・ガバナンス論序説――会社支配論からコーポレート・ガバナンス論へ――』文眞堂、二〇〇四年。
2　金山　権『現代中国企業の経営管理：国有企業のグローバル戦略を中心に』同友館、二〇〇〇年。
3　川井伸一『中国上場企業―内部者支配のガバナンス』創士社、二〇〇三年。
4　菊池敏夫・平田光弘『企業統治の国際比較』文眞堂、二〇〇〇年。

## 七 シャリーア・コンプライアンスと経営――イスラームにおける経営の原則――


**外国語文献**

1 Al-Sadr, Muhammad Baqir, *Iqtisādunā*, Dār al-tarif li-l-matbuāt, Beirut, n.d.（黒田壽郎訳・解説『イスラーム経済論』未知谷、一九九三年。）

2 Al-Sadr, Muhammad Baqir, *Al-Bank al-la Ribawī fi-l-Islām*, Dar al-tarif li-l-matbuat, Beirut, n.d.（黒田壽郎訳・解説『無利子銀行論』未知谷、一九九四年。）

3 El-Ashker, A., *The Islamic Business Enterprise*, Croom Helm, 1987.

4 Gerbar, Haim, *State, Society, and Law in Islam*, State University of New York, 1994.（黒田壽郎訳・解説『イスラームの国家・社会・法』藤原書店、一九九六年。）

5 Leeuwen, Richard van, *Waqfs and Urban Structure*, Brill, 1999.

6 Molyneux, P. and M. Iqbal, *Banking and Financial Systems in the Arab World*, Palgrave, 2002.

7 Mushtaq, Ahmad, *Business Ethics in Islam*, Kitab Bhavan, 1999.

8 Qutb, Sayyid, *Social Justice in Islam*, translated by Hardie, John B., Islamic Publication International, 2000.

9 Rodinson, Maxime, *Islam et Capitalisme*, Editions du Seuli, 1966.（山内 昶訳『イスラームと資本主義』岩波現代選書、一九七八年。）

10 Saeed, Abdullah, *Islamic Banking and Interest*, Brill, 1999.

11 Saleh, N. A., *Unlawful Gain and Legitimate Profit in Islamic Law*, Cambridge University Press, 1986.

12 Shariati, Ali, *Islām-shenasī*, Daftar-e Tadvin wa Tanzim : majmu'e athar-e mo'alem Dr. Ali Shariati, Tehran, 1981.（櫻井秀子訳・解説『イスラーム再構築の思想』大村書店、一九九七年。）

13 Taleghani, *Society and Economics in Islam*, translated by Cambell, R., Mizan Press, 1982.

14 Wael, B., *The Origins and Evolution of Islamic Law*, Cambridge University Press, 2005.

## 日本語文献

1　黒田壽郎編『イスラーム辞典』東京堂出版、二〇〇〇年。
2　黒田壽郎『イスラームの構造――タウヒード、シャリーア、ウンマ――』書肆心水、二〇〇四年。
3　眞田芳憲『イスラーム法の精神』中央大学出版会、二〇〇〇年。
4　中村瑞穂編『経営学――企業と経営の理論――』白桃書房、二〇〇三年。

# Ⅳ 資料

# 経営学史学会第十三回大会実行委員長挨拶

海道ノブチカ

経営学史学会第十三回大会は、「二十一世紀の企業モデルと経営理論」という統一論題のもとに関西学院大学で開催することができました。明治大学の佐々木吉郎教授とともに日本における経営学史研究の方法論を確立した池内信行教授ゆかりの本学での大会は、開催校として大変光栄で、感慨深いものがあります。

二十一世紀に入りグローバリゼーションのもとでアングロサクソン型の企業モデルが支配的となってきておりますが、今大会は、果たして各国の企業モデルがそれに収斂していくのかどうか、多様な企業モデルとその理論を探索する機会でありました。経営学の問題はいかなる歴史的、社会的地盤に即して生まれたかを明らかにしなければ、学説の本来持つ意味を解明することはできないという経営学史研究の原点にもかかわるテーマでありました。二日間にわたり活発に議論を展開していただいた報告者、司会、チェアパーソンの皆様をはじめ、ご参加いただいた会員の皆様方に心より感謝申し上げます。

また大会の企画・運営につきましては、佐々木恒男前理事長をはじめ理事・幹事の先生方にひとかたならぬご指導、ご支援を賜りました。改めて厚く御礼申し上げます。

# 第十三回大会をふりかえって

福永　文美夫

経営学史学会第十三回大会は、二〇〇五年五月二十日（金）から二十二日（日）までヴォーリズの建築が美しい関西学院大学西宮上ヶ原キャンパスで開催された。今回は、『二十一世紀の企業モデルと経営理論』という統一論題のもと、これまで支配的であったアングロサクソン型企業モデルへの依存から脱却して、新しい企業モデルと経営理論を探るという未来志向の試みであった。

まず佐々木恒男会員より「経営学史研究の新展開」として基調報告が行われ、アングロサクソン型企業モデル依存からの脱却とEU型、日本型、アジア型、そしてイスラム型企業モデルの可能性の検討が肝要であるとの問題提起がなされた。引き続き、統一論題について七つの報告が行われた。アングロサクソン型モデルについては、岸田民樹会員から「アメリカ経営学の展開と組織モデル」、角野信夫会員から「二十一世紀の企業モデルと経営理論——米国を中心に——」として、組織論及び企業論の観点から報告があった。EU型モデルについては、万仲脩一会員から「EUの企業モデルと経営理論」、久保広正氏から「EUにおける労働市場改革と労使関係」として、EU法人としての欧州会社（SE）の動向及びEU労働市場改革の事例紹介の報告があった。アジア型モデルについては、金山　権氏から「アジア—中国企業モデルと経営理論」、日本型モデルについては、吉田和男氏から「日本型経営システムの変革」として、中国及び日本の特殊性と普遍性についての報告があった。またイスラム型モデルについては、櫻井秀子会員から「シャリーア・コンプライアンスと経営——イスラームにおける経営の原則――」としてイスラムにおいて合法的とされるビジネスのあり方についての興味深い報告があった。今大会は、総じて経営学史学会本来のアカデミックな色彩の濃いものであったようである。

自由論題に関しては、統一論題と関連の深い報告を中心に三つの会場でチェアパーソンのコメントをふまえて活発な議論が展開された。六つの報告のうち、三つが院生によるものであり、今後ともフレッシュな報告を期待したい。

大会期間中の理事会では総会に提案する報告事項と議案が検討された。総会では、一年間の活動報告、会計報告などがなされた後、経営学史学会の地方部会として初めての九州部会の設立が決定された。また、第十四回大会を熊本学園大学で開催することが決定された。さらに、第一回経営学史学会賞の発表が行われ、菊澤研宗会員の『比較コーポレート・ガバナンス論――組織の経済学アプローチ――』(有斐閣、二〇〇四年十一月)を受賞作とすることが報告され、引き続き授賞式が行われた。

大会を周到に準備され、美しいキャンパスとともに絶妙な運営をしていただいた海道ノブチカ大会実行委員長をはじめ、関西学院大学の皆様方に心より感謝申し上げます。

第十三回大会のプログラムは、次のとおりである。

第二日目、五月二十一日(土)

【自由論題】(報告三〇分、コメント五分、質疑応答十五分)

A会場(B号館二〇三教室)

一〇:〇〇―一〇:五〇　平澤　哲(東北大学・院生)「個人と組織の不調和の克服を目指して――C. Argyrisの前期学説の体系とその意義――」

チェアパーソン・数家鉄治(大阪商業大学)

一一：〇〇―一一：五〇　福永文美夫（久留米大学）「経営学と社会ダーウィニズム――テイラーとバーナードの思想的背景――」
チェアパーソン・庭本佳和（甲南大学）

B会場（B号館二〇二教室）
一〇：〇〇―一〇：五〇　宮田将吾（関西学院大学・院生）「経営における意思決定と議論合理性――合理性測定のコンセプト――」
チェアパーソン・藤井一弘（摂南大学）
一一：〇〇―一一：五〇　石川伊吹（立命館大学・院生）「経営戦略論の発展における「競争優位」概念と「レント」概念の意義について」
チェアパーソン・大平浩二（明治学院大学）

C会場（B号館二〇四教室）
一〇：〇〇―一〇：五〇　水村典弘（埼玉大学）「ステークホルダー型企業モデルの脱構築――経営学史研究と有機体的宇宙論の構図――」
チェアパーソン・植木英治（香川大学）
一一：〇〇―一一：五〇　狩俣正雄（大阪学院大学）「支援組織のマネジメント――信頼構築に向けて――」
チェアパーソン・島田　恒（京都文教大学）

【基調報告・統一論題】（B号館一〇一教室）（報告三〇分、討論三〇分）
一三：〇〇―一三：二〇　基調報告：佐々木恒男（青森公立大学）「経営学史研究の新展開」
司会・片岡信之（桃山学院大学）

一三：三〇―一四：三〇　統一論題一：岸田民樹（名古屋大学）「アメリカ経営学の展開と組織モデル」
　司会・仲田正機（立命館大学）
一四：四〇―一五：四〇　統一論題二：久保広正（神戸大学）「EUにおける労働市場改革と労使関係」
　司会・海道ノブチカ（関西学院大学）
一五：五〇―一六：五〇　統一論題三：櫻井秀子（作新学院大学）「シャリーア・コンプライアンスと経営――イスラームにおける経営の原則――」
　司会・稲葉元吉（成城大学）

第三日目、五月二十二日（日）

一〇：〇〇―一一：〇〇　統一論題四：金山　権（桜美林大学）「アジア―中国企業モデルと経営理論」
　司会・勝部伸夫（熊本学園大学）
一一：一〇―一二：一〇　統一論題五：吉田和男（京都大学）「日本型経営システムの変革」
　司会・齊藤毅憲（横浜市立大学）
一三：一〇―一四：一〇　統一論題六：角野信夫（神戸学院大学）「二十一世紀の企業モデルと経営理論――米国を中心に――」
　司会・河野大機（東北大学）
一四：二〇―一五：二〇　統一論題七：万仲脩一（大阪産業大学）「EUの企業モデルと経営理論」
　司会・高橋由明（中央大学）

# 執筆者紹介（執筆順）

佐々木《ささき》恒《つね》男《お》（青森公立大学教授）
監訳『マネジメント思想の進化』（Ｄ・Ａ・レン著）、文眞堂、二〇〇三年
『アンリ・ファヨールの世界』（Ｊ・-Ｐ・ポーセル編著）、文眞堂、二〇〇五年

岸《きし》田《だ》民《たみ》樹《き》（名古屋大学教授）
主著『経営組織と環境適応』白桃書房、二〇〇六年（復刊）
編著『現代経営組織論』有斐閣、二〇〇五年

角《つ》野《の》信《のぶ》夫《お》（神戸学院大学教授）
主著『アメリカ企業・経営学説史』文眞堂、一九九六年
『アメリカ経営組織論』文眞堂、一九九九年

万《まん》仲《ちゅう》脩《しゅう》一《いち》（大阪産業大学教授）
主著『企業体制論――シュタインマン学派の学説――』白桃書房、二〇〇一年
『企業倫理学――シュタインマン学派の学説――』西日本法規出版、二〇〇四年

久《く》保《ぼ》広《ひろ》正《まさ》（神戸大学教授）
主著『欧州統合論』勁草書房、二〇〇三年
主要論文「ＥＵにおける電子化行動計画について」㈶国際貿易投資研究所『欧州の知識基盤型経済社会の構築に向けた長期戦略の再検討』二〇〇六年

金《かね》山《やま》権《けん》（桜美林大学教授）
主著『現代中国企業の経営管理』同友館、二〇〇〇年

主要論文「企業統治システムの構築――日米独との比較からみた中国の企業統治――」(戦後日本60周年国際シンポジウム)"JAPANESE STUDIES FORUM"(中国)No.3・4、二〇〇五年

櫻《さくら》井《い》秀《ひで》子《こ》(作新学院大学助教授)

主要論文「経営の国際化と異文化経営」中村瑞穂編『経営学――企業と経営の理論――』白桃書房、二〇〇三年、第十三章

「中東イスラーム圏の女性労働」柴山恵美子・藤井治枝・守山貴司編著『世界の女性労働』ミネルヴァ書房、二〇〇五年、第十章

福《ふく》永《なが》文《ふ》美《み》夫《お》(久留米大学教授)

主要論文 "Modern Organization Theory and New Institutional Economics: On the Relationships Between Williamson and Barnard-Simon"『日本経営学会誌』No.7、二〇〇一年

「企業経済学の胚胎――スミス、ミル、マーシャルの企業観――」『久留米大学商学研究』第八巻第二号、二〇〇二年

平《ひら》澤《さわ》哲《てつ》(ケンブリッジ大学大学院経営学研究科)

主要論文「C. Argyris の経営組織・管理理論の研究」東北大学大学院経済学研究科博士論文、二〇〇五年

「行為の理論の観点に基づく組織学習理論の体系とその意義」日本経営学会『経営学論集第七十五集』千倉書房、二〇〇五年

石《いし》川《かわ》伊《い》吹《ぶき》(立命館大学大学院経営学研究科博士課程後期課程)

主要論文「RBVの進化的フレームワークの発展に向けて――*Neo-Schumpeterian*的視点によるアプローチ――」『立命館経営学』第四三巻第三号、二〇〇四年九月

「RBVの誕生・系譜・展望――戦略マネジメント研究の所説を中心として――」
『立命館経営学』第四三巻第六号、二〇〇五年三月

宮《みや》田《た》将《しょう》吾《ご》（関西学院大学大学院商学研究科元研究員）
主要論文「組織構造の形成理論」『関西学院商学研究』第四八号、二〇〇一年
「トップマネジメントにおける意思決定の合理性」『関西学院商学研究』第五三号、二〇〇三年

水《みず》村《むら》典《のり》弘《ひろ》（埼玉大学経済学部助教授）
主著『現代企業とステークホルダー――ステークホルダー型企業モデルの新構想――』文眞堂、二〇〇四年
主要論文「現代の企業経営とステークホルダー――経営学とステークホルダー概念――」『社会科学論集』（埼玉大学経済学会編）、二〇〇五年

狩《かり》俣《また》正《まさ》雄《お》（大阪市立大学教授）
主著『共生社会の支援システム』中央経済社、二〇〇〇年
『支援組織のマネジメント』税務経理協会、二〇〇四年

# 経営学史学会年報掲載論文（自由論題）審査規定

一　本審査規定は本学会の年次大会での自由論題報告を条件にした論文原稿を対象とする。

二　編集委員会による形式審査

原稿が著しく規定に反している場合、編集委員会の責任において却下することができる。

三　査読委員の選定

査読委員は、原稿の内容から判断して適当と思われる会員二名に地域的バランスも配慮して、編集委員会が委嘱する。なお、大会当日の当該報告の討論者には査読委員を委嘱しない。また会員に適切な査読者を得られない場合、会員外に査読者を委嘱することができる。なお、原稿執筆者と特別な関係にある者（たとえば指導教授、同門生、同僚）には、査読者を委嘱できない。

なお、査読委員は執筆者に対して匿名とし、執筆者との対応はすべて編集委員会が行う。

四　編集委員会への査読結果の報告

査読委員は、論文入手後速やかに査読を行い、その結果を三〇日以内に所定の「査読結果報告書」に記入し、編集委員会に査読結果を報告しなければならない。なお、報告書における「論文掲載の適否」は、次のように区分する。

①適

②条件付き適⑴：査読委員のコメントを執筆者に返送し、再検討および修正を要請する。再提出された原稿の修正確認は編集委員会が負う。

③条件付き適⑵：査読委員のコメントを執筆者に返送し、再検討および修正を要請する。再提出された原稿は査読委員が再査読し、判断する。

④不適

五　原稿の採否

編集委員会は、査読報告に基づいて、原稿の採否を以下のようなルールに従って決定する。

①査読者が二名とも「適」の場合、掲載を可とする。

②査読者一名が「適」で、他の一名が「条件付き⑴」の場合は、執筆者の再検討・修正を編集委員会が確認した後、掲載の措置をとる。

③査読者一名が「適」で、他の一名が「条件付き⑵」の場合は、執筆者の再検討・修正を、査読者が再読・確認したとの報告を受けた後、掲載の措置をとる。

④査読者二名とも「条件付き⑴」の場合、あるいは査読者一名が「条件付き⑴」で他の一名が「条件付き⑵」の場合、また査読者が二名とも「条件付き⑵」の場合は、執筆者が再検討・修正のそれぞれの条件を満たしたことを編集委員会が確認した後、掲載の措置をとる。

⑤査読者一名が「条件付き⑴または⑵」で、他の一名が「不適」の場合、後者に再検討・修正後の投稿原稿を再査読することを要請するとともに、執筆者の反論をも示し、なお「不適」の場合には編集委員会がその理由を確認して、原則的には不掲載の措置をとる。ただし再査読後、編集委員会が著しく「不適理由」を欠くと判断した場合は、大会報告時の討論者の意見も参考にして、編集委員会の責任で採否を決定し、掲載・不掲載の措置をとる。

⑥査読者一名が「適」で、他の一名が「不適」の場合、大会報告時の討論者の意見、執筆者の反論をも考慮して、編集委員会の責任で採否を決定し、掲載・不掲載の措置をとる。

⑦査読者が二名とも「不適」の場合、掲載を不可とする。

六　執筆者への採否の通知

編集委員会は、原稿の採否、掲載・不掲載の決定を、執筆者に文書で通知する。

# 編集後記

経営学史学会年報第十三輯を上梓することができ、いまはまず重い肩の荷を下ろして安堵している。

さて、本輯は「企業モデルの多様化」というテーマを掲げた論文集であるが、これは前年報の「ガバナンス」のテーマとも深く関連し、また前年報で提起したアメリカ型、ヨーロッパ型、非欧米型という比較経営論の課題とも関連しており、極めて現代的でかつ最先端の主題を扱うものとなっている。それだけに、この議論は一筋縄ではいかない困難を抱えており、当学会としても今回で収束するとは考えていない。統一論題寄稿論文七本はそれぞれがそれぞれの立場でこの困難な主題に一石を投じる貴重な議論であることを編集委員会として確信しているが、これを契機に当学会をこえて広く多角的な議論と研究が促進されることを期待している。

自由論題投稿論文六本も当学会ならではの学説研究、理論研究をベースにして、経営学の本流に沿った確かな議論が展開されている。本年報の査読は当然ながら厳格に為されており、審査段階でかなりの論争も展開されている。最終的には編集委員会の裁定で掲載可としているが、論文の内容については投稿者の研究者としての責任において評価されるものであることは言うまでもない。

概して論文集の編集では執筆要領や締切りを守らないケースが間々あり、編集者泣かせとなることがあるが、有難いことに本年報の創刊号から係わってそのような苦労を殆ど経験していない。これを我田引水で解釈すれば、本年報の寄稿者・投稿者が本年報の学術的位置を尊重していること、自主的に編集協力を惜しまない研究者の誠実が本年報の地盤を形成しているということであろう。当学会創立から十三年、これが当学会の伝統となりつつあるとすれば、編集子の光栄これに過ぎるものはない。もちろん、文眞堂の前野眞司氏の献身を抜きに本年報の円滑な編集はなされないことを忘れてはならない。

（小笠原英司　記）

# THE ANNUAL BULLETIN
of
The Society for the History of Management Theories

No. 13 May, 2006

## Diversification of Corporate Model and Management Theory: Perspectives on the 21st Century Paradigm

Contents

Preface
Shinshi KATAOKA (St. Andrew's University)

I Diversification of Corporate Model and Management Theory

1 New Direction of Historical Research on Management Theories
Tsuneo SASAKI (Aomori Public College)

2 Development of American Management Theory and Organizational Model
Tamiki KISHIDA (Nagoya University)

3 21st Century Anglo-American Style Enterprise and Management Theory
Nobuo TSUNO (Kobegakuin University)

4 EU-Business Model and Management Theory
Shuichi MANCHU (Osaka Sangyo University)

5 Labour Market Reforms and Industrial Relations in the EU
Hiromasa KUBO (Kobe University)

6 Asia : China Enterprise Model and Management Theory
Ken KANEYAMA (Obirin University)

7 *Shari'ah* Compliance and Management: The Principles of Management in Islam
Hideko SAKURAI (Sakushin-gakuin University)

Ⅱ **Other Themes**

8 Management Theory and Social Darwinism: The Ideological Background of Taylor and Barnard
Fumio FUKUNAGA (Kurume University)

9 Toward Overcoming the Incongruence between the Individual and the Organization
Tetsu HIRASAWA (Tohoku University)

10 The Significance of the 'Rent' Concept in the New Theoretical Development of Strategic Management Literature
Ibuki ISHIKAWA (Ritsumeikan University)

11 Management Decision and Argumentation Rationality: The Concept for Measuring the Argumentation Rationality of Management Decision
Shogo MIYATA (Kwansei Gakuin University)

12 The Structure and Function of the Stakeholder Model of the Modern Corporation: An Empirical and Normative Dimensions of the Stakeholder Theorist
Norihiro MIZUMURA (Saitama University)

13 The Management of Support Organizations
Masao KARIMATA (Osaka City University)

Ⅲ **Literatures**

Ⅳ **Materials**

# Abstracts

## New Direction of Historical Research on Management Theories

Tsuneo SASAKI (Aomori Public College)

The historical research on management theories has begun to change. This discipline was resulted from the request of business world at the second half of 19th century and have a characteristics to study the organization and management of corporation.

But turning into 21st century, the world got changing. Our irreplaceable world was split into four poles, Anglo-Saxon, EU, Asia and Islam. Each of these parts begins to assert deeply their own uniqueness. American sovereignty in the world which lasted in 20th century got wavering.

Hereafter our world develops through the interactions of these partial worlds. Therefore the task of the historical research on management theories which drives for the refinement and international comparative studies of management theories must cope with this form of real world in the future. The new development of this discipline is expected for the welfare of mankind.

## Development of American Management Theory and Organizational Model

Tamiki KISHIDA (Nagoya University)

The development of management theory in America is classified into Closed & Rational. Closed & Natural System, Open & Rational, and Open & Natural System. The main conflict of organizational models is between tightly coupled system and loosely coupled system. The former is characterized as a close coordination of interdependent units. Matrix organization is a representative organizational model. The latter is a creation of independent units to loosen the connection. The representative model is a network organization.

Today a framework for integrating two organizational models is in need. Here, I argue an organizational developmental model as synchronic integration, and an interpretive model for a diachronic integration.

## $21^{st}$ Century Anglo-American Style Enterprise and Management Theory

Nobuo TSUNO (Kobegakuin University)

We can use three approaches to study Anglo-American style Enterprise. The first is the Veblen approach which is called "shareholder capitalism". The second is the Commons approach which is called "going concern economy". The third is the Berle & Means' governance approach which is called "management capitalism". By studying these approaches and examining the evolution of postwar American management theory, we will find four points of view to analyze Anglo-American Style Enterprise behavior. There are analytical viewpoints of market economy, strategic management, organization behavior and "business and society", which explains the meanings of business behavior in modern society. Through these studies and analyses we can predict the management style of Anglo-American enterprise in $21^{st}$ century. It is a stake holder management which considers the benefit not only to shareholders but also employees, consumers and other groups in society.

## EU-Business Model and Management Theory

Shuichi MANCHU (Osaka Sangyo University)

The European Company Statute was enacted in European Union (EU) in 2001, and it has been enforced since October 8, 2004. Based on this Statute, European Company (Societas Europaea : SE) can be today established as EU-corporate body, in addition to the companies established by the company law of each EU nation. Because SE clearly shows economic and social characteristics of EU, it can be said that it represents typical EU-business model.

SE as economic institution activates economic transactions and productions within EU region, and, as a result, can contribute to economic development of EU. On the other hand, for SE it is expected, that it plays the social role to protect employee's interest through the codetermination and/or consultation with management. It was focuses of very hot controversies in the long process of the enactment of the European Company Statute to obtain the mutual agreement about this problem between EU nations.

## Labour Market Reforms and Industrial Relations in the EU

Hiromasa KUBO (Kobe University)

In order to raise its economic growth rates, the European Commission published its ambitious economic reform plan, called the "Lisbon Strategy" in March, 2000. One of the important pillars in the Strategy is the European Social Model, where all European people can acquire the digital literacy, avoiding so-called the "digital divide". By realising the knowledge-based society and economy, the EU economy could become most competitive and dynamic in the world, thus attaining higher economic growth towards 2010. However, its economic growth rates are still far below these of the U. S., and many European firms are shifting their production sites to new member states of the EU, or even dynamic Asian countries. Under such an economic and business environment, industrial relations in the EU are changing rapidly, more unfavourable to labour unions. Whether the EU could realise its own Social Model and industrial relations could be critical, when we prospect the future of the EU economy.

## Asia : China Enterprise Model and Management Theory

Ken KANEYAMA (Obirin University)

In the international environment which has accomplished the rapid change, the business administration of China enterprise, keeps large development, and the international interests are rising more and more.

China makes the enterprise model into the norm, and the systems which control the enterprise are arranging, and approaching into integration. Moreover, discrimination and specialization are asserted again by the each area, though the integration is approached.

In this paper, peculiarity and commonality of enterprise model which is being reformed based on the above-mentioned situation enterprise of China as one member in Asian countrise are clarified. Then, the management theory in China is taken up and analysed.

## *Shari'ah* Compliance and Management: The Principles of Management in Islam

Hideko SAKURAI (Sakushin-gakuin University)

The purpose of this paper is to examine the principle of *Shari'ah* compliance in Islamic management for the better understanding of the current trend of Islamic revivalism in economy and management. The focal points are as follows; (1) the contents of *Shari'ah*, that are closely related to business in particular, (2) the significance of *Zakat* and *Sadaqa* (duties of charity), which are the driving forces to bring about the trickle-down effect in Islamic societies, and (3) the patterns of contracts in Islamic business that are based on profit-loss sharing. By examining those points, it will be found out that Islamic management is very rational from the view point of total management in society, which does not neglect profit and ethics in business. Therefore, an attempt to compare the modern theories of management to Islamic theory will give us a clue for finding a new perspective in the post-modern management.

企業モデルの多様化と経営理論
——21世紀を展望して——
経営学史学会年報　第13輯

二〇〇六年五月十九日　第一版第一刷発行

検印省略

編　者　経営学史学会
発行者　前野眞太郎
〒162-0041　東京都新宿区早稲田鶴巻町五三三
発行所　株式会社　文眞堂
電　話　〇三—三二〇二—八四八〇番
FAX　〇三—三二〇三—二六三八番
振　替　〇〇一二〇-二-九六四三七番

組版　オービット
印刷　平河工業社
製本　広瀬製本所

URL. http://www.keieigakusi.jp
http://www.bunshin-do.co.jp



定価はカバー裏に表示してあります
ISBN4-8309-4554-0　C3034

●好評既刊

# 経営学の位相　第一輯

●主要目次

Ⅰ　課題

一　経営学の本格化と経営学史研究の重要性　山本安次郎
二　社会科学としての経営学　三戸　公
三　管理思考の呪縛――そこからの解放　北野利信
四　バーナードとヘンダーソン　加藤勝康
五　経営経済学史と科学方法論　永田　誠
六　非合理主義的組織論の展開を巡って　稲村　毅
七　組織情報理論の構築へ向けて　小林敏男

Ⅱ　人と業績

八　村本福松先生と中西寅雄先生の回想　高田　馨
九　馬場敬治――その業績と人柄　雲嶋良雄
十　北川宗藏教授の「経営経済学」　海道　進
十一　シュマーレンバッハ学説のわが国への導入　齊藤隆夫
十二　回想――経営学研究の歩み　大島國雄

# 経営学の巨人　第二輯

●主要目次

Ⅰ　経営学の巨人

# 日本の経営学を築いた人びと 第三輯

●主要目次

# アメリカ経営学の潮流　第四輯

●主要目次

# 経営学研究のフロンティア　第五輯

●主要目次

# 経営理論の変遷　第六輯

●主要目次

# 経営学百年——鳥瞰と未来展望——　第七輯

●主要目次

# 組織管理研究の百年　第八輯

●主要目次

# ＩＴ革命と経営理論　第九輯

●主要目次

# 現代経営と経営学史の挑戦

## ――グローバル化・地球環境・組織と個人――　第十輯

# 経営学を創り上げた思想　第十一輯

●主要目次

# ガバナンスと政策——経営学の理論と実践——　第十二輯

●主要目次